厦门文学艺术人物系列专辑
厦门市文学艺术界联合会 编

舞台美术家

黄永碳

中国文史出版社

图书在版编目（ＣＩＰ）数据

舞台美术家黄永碟 / 厦门市文学艺术界联合会编.
北京 ：中国文史出版社，2025．2． -- （厦门文学艺术人
物系列专辑）． -- ISBN 978-7-5205-5003-1

Ⅰ．K825.78
中国国家版本馆CIP数据核字第2024XA7750号

责任编辑：刘华夏
小传撰稿：周宇婷

出版发行：**中国文史出版社**
社　　址：北京市海淀区西八里庄路69号院　　邮编:100142
电　　话：010－81136606　81136602　81136603　81136605（发行部）
传　　真：010－81136655
印　　装：厦门中天华成文化传媒有限公司
经　　销：全国新华书店
开　　本：185×260　1/16
印　　张：11.25
字　　数：155 千字
版　　次：2025年4月北京第1版
印　　次：2025年4月第1次印刷
定　　价：90.00元

《厦门文学艺术人物系列专辑》编委会

主　　任：陈　影

副主任：王　元　陈春洋　苏　璇

委　　员：李长福　刘堆来　杨景初　张立平

　　　　　林丹娅　曾学文　陈　斌

《舞台美术家　黄永碘》编委会

策划制作：厦门文广影音有限公司

总策划：陈　影　钟　元

主　　编：陈元麟

主任编辑：杜杉杉　黄永成

编　　辑：周宇婷　颜子榆

装帧设计：乾　羽

统　　筹：杨秀晖

总序

　　素有"海上花园"称誉的厦门四季如春，人文荟萃。

　　中华人民共和国成立以来，尤其是建设经济特区以来，厦门市委、市政府一手抓经济建设，一手抓文化建设，全市文艺事业生机勃勃、硕果累累，文学、戏剧、电影、电视、音乐、舞蹈、美术、摄影、书法、曲艺及民间文艺等领域，呈现繁花似锦、姹紫嫣红的生动局面，涌现出许多优秀作家、艺术家。这些文艺界代表人物对厦门的文艺事业做出过积极贡献，产生过积极影响，为厦门文化建设注入了丰富的内涵，是不可多得的文化资源和精神财富。

　　为了进一步贯彻落实党的文艺方针政策，传承与发展厦门市文艺事业，推动厦门文化大发展大繁荣，厦门市文联决定编辑出版《厦门文学艺术人物系列专辑》，以音像和图文记录的方式，生动再现厦门文艺界代表人物的亮丽风采，总结他们毕生从事文艺创作的宝贵经验。

　　我们希望，这套系列专辑的出版发行，能让更多的人近距离、多视角地了解厦门文艺事业的发展，更亲切地感受厦门文艺界人物的无私奉献和辛勤努力。

　　我们相信，先人匠心独运的艺术创造将成为后人的精神资源，前辈攀登的高峰将成为后辈接力前行的起点。

　　江山代有才人出，我们正经历着一个伟大的时代，而伟大的时代又必然催生伟大的文学艺术作品和优秀的作家、艺术家。一切有理想有抱负的文艺工作者，都要担起时代赋予的神圣使命，更加自觉、更加主动地追求德艺双馨，更好地履行"人类灵魂工程师"的神圣职责，积极投身于高质量的厦门建设，努力创作出无愧于我们这个朝气蓬勃时代的精品力作。

《厦门文学艺术人物系列专辑》编委会

目录

第四辑　附录

第一辑　小传

　　黄永碤，1951年9月出生于厦门。自1972年起从事舞台艺术设计工作。一级舞美设计师。历任龙岩汉剧团舞美设计，厦门市台湾艺术研究所（后改名为厦门市台湾艺术研究院）书记、副所长、所长、院长等职。曾兼任厦门市戏剧家协会主席、福建省戏剧家协会副主席、福建省舞台美术学会会长等职。2012年退休，先后被聘为福建省戏剧家协会顾问、福建省舞美学会顾问以及福建省、厦门市艺术指导委员会成员等职。

橐籥故居

镇邦路，是厦门市的一条老街。靠近中山路、轮渡，位于市区的中心地带，见证了老厦门的繁荣时尚与百年风华。20世纪20年代，厦门迅速形成近代城市的架构，开元路、大同路、镇邦路、大中路、中山路、海后路、思明南路、思明北路、升平路等交织错落的格局，就是当时建成的，商业更是日趋繁荣。这里遍布着中西合璧、连廊连柱结构的骑楼建筑，其中一栋名为"橐籥楼"，就是祖籍泉州的黄家在厦门的故居。

"橐籥"，出自《老子·道德经》第五章："天地之间，其犹橐籥乎，虚而不屈，动而愈出。"橐籥者，风箱也，闽南骑楼扁长的"竹筒式"建筑结构暗合过去的"风箱"，故而得名。黄家"橐籥楼"至今已历百余年。从这个名字也不难看出，黄家是个渊源深厚、诗书继世的大家族。1951年10月，黄永碤就出生于此。

▲ 书法家虞愚为黄家"橐籥楼"题字

▲ 黄永碤小学时期

当年祖父担任著名华商李清泉的家庭教师，家就住在李清泉鼓浪屿别墅的陪楼里。20世纪二三十年代的鼓浪屿，作为万国租界地，西洋建筑、洋人、洋物件举目皆是，这样的环境无疑对当时还年轻的父亲黄子鋆具有强烈吸引力并产生了极大影响。他很"时尚"，着一袭白西装，打领带穿皮鞋，头发梳得油亮，风流倜傥、举止潇洒，颇有名士风度。但一身深色长衫马褂的祖父对此很看不顺眼。及至年长，父亲和祖父一样也成了虔诚的佛教徒，重仁、义、礼、智、信的儒家信条。成家立业之后，全家搬到镇邦路，父亲教子严格，极少言语，行为举止都有要求。他对每个孩子都有专门严格的毛笔书法训练：端坐，从执笔到运笔，他就站在边上盯着，让你不敢有丝毫的懈怠，当你要写错时他抓住笔杆上端向上提拉，有时弄了你一手黑，这种教学方法很有效，至今都让你不能忘怀。小时候黄永碤的同学和朋友来家里，也被父亲叫到一起写字，现在他们谈起，对此还带感恩和敬意。父亲有时还受教育部门的特邀，到民立小学上书法大课。到六七十岁时，他对儿女不像过去那么严厉了，孩子们有时在饭桌上嬉闹，父亲也不再责骂，态度比较宽容（可能岁数大了对孩子就没精力管了吧）。他总是在孩子们有所成就的时候，给予鼓励和夸

▲ 1939年，黄永碤父母在鼓浪屿的结婚纪念照

▲ 黄永碛父亲（左一）年轻时与朋友们的合影

▲ 黄永碛母亲年轻时

奖，这种父爱让人永生铭记。

平日父亲极喜诗书，家里的常客一般是厦门著名文人、墨客，如李禧、罗丹、虞愚、李博用、万灿等人。至今，黄永碛还保留着叔父辈的书法大家——罗丹和虞愚等老先生赠予他的墨宝。

母亲是个平凡的家庭妇女，然而，她对于黄永碛和兄弟们的血肉之情，融入了平凡的日常生活之中，值得用一辈子去书写、去回忆。三哥19岁就英年早逝，去世后的两三年里，母亲经常会在半夜里惊醒并痛哭。黄永碛正值青春时，母亲已经年过半百，那个动乱的年代，操持着全家生活，上有年岁渐高又体弱多病的父亲和四婶婆，还有一群孩子，粗茶淡饭、劳身劳心的母亲，显得苍老而憔悴。后来兄弟们相继上山下乡、上学、参加工作，大多不在厦门，她更单独面对着亲人的生老病死。有一年中秋，黄永碛从外地回家，已是黄昏，母亲单独一人坐在黑暗里竟不知今天是中秋节。"文化大革命"结束，母亲也步入晚年，身体还健康，兄弟们也陆续调回厦门工作、成家立业。母亲依然每天买菜、做饭、洗衣，把家打扫得干干净净。父亲去世后并未留下任何的财富，由每个兄弟每月付一定的钱作为共同赡养母亲的费用。她也是省吃俭用，每次买菜回来每笔都做记录。母亲也经常看报，开始经常给一直牵挂着她、在外地的儿子们写信。

父亲的艺术修养和严教，母亲的慈爱，奠定了黄永碛一生的底色，在家庭的耳濡目染和父亲的言传身教下，黄家走出了一群艺术家。黄永碛也从小就喜欢上了绘画，并义无反顾地走上了艺术之路。

▲ 母亲74岁时写给六弟黄永碛夫妇的信

▲ 父亲75岁高龄时所作小楷（原作尺寸：274mm*242mm）

　　父亲说，黄家兄弟取名是严格按照族谱排序"永"字辈、"石"字旁，而字是请南普陀高僧根据每个人出生的生辰八字按五行起的。大哥黄永砥，字得中；二哥黄永琳，字正中；三哥黄永碟，字幼中；四哥黄永

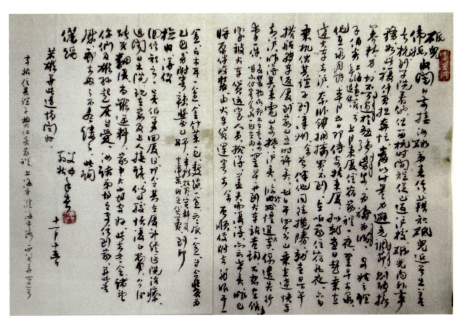

▲ 1980年，父亲写给大哥大嫂的书信

▲ 2008年，黄家兄弟合影（从左到右依次是七弟永磐、老五永碟、二哥永琳、姐姐琼墙、大哥永砥、四哥永磅、六弟永砅）

▲ 黄永碤与六弟黄永砅（左一）、七弟黄永磐（右一）合影

碤，字执中；黄永碤排行第五，字焕中；六弟黄永砅，字渊中；七弟黄永磐，字静中。回望每个人的生活历程，或性格或才学或命运都与之有关，很有点宿命论的意味。

同父异母的大姐黄琼墙现年96岁，大哥黄永砥现年94岁，仍都健在。

二哥黄永琳从小就好学，初中就开始跳级。大学毕业后被分配在北京国家测绘总局研究所工作，年过八十还精神抖擞，绘制了一百二十多幅作品在北京、武汉等地展出。

三哥黄永碟自学成才，病逝那年才19岁。英年早逝的他，自16岁起，在民立小学当了三年美术教师，虽然没经过专业培训却留下近百张极具天赋的画作，也留下一些绘画书籍，正是在这些书的影响下，兄弟们都爱上了这一行。当年他的许多师生友朋，今天提起他还感叹天妒英才。

四哥黄永磅（原厦门旅游局任统计师，中级职称）现已退休。

六弟黄永砅是中国、乃至世界当代艺术不可或缺的重要艺术家。2016年，黄永砅应邀参加他在巴黎大皇宫举办的个人作品展《帝国》，2019年

▲ 2016年，黄永砯《帝国》巴黎大皇宫展览现场

又去巴黎参加拉雪兹神父公墓举行的黄永砯葬礼，与他同葬于此的有巴尔扎克、肖邦、王尔德、圣西门等文化巨人，这让黄永碤深刻地感受到六弟黄永砯的艺术成就。

▲ 七弟永磐制作的舞台模型示例

七弟黄永磐深受三哥器重，三哥生前极看好他，亲自教他绘画，作品多次选送参加各类展览。1977年参加全国艺术统考临场发挥不够突出，时运不佳。甚至有人怀疑他盗用兄长的作品报考，其实他的水平已远超同辈兄弟。后来鼓浪屿美术学校已故著名画家吴景希老师，还亲口对黄永碤说起此憾事。永磐一直留在父母身边，创建了广告公司，黄永碤剧目中的舞美设计主要制作及参展模型，多出自七弟的那双巧手。

11

而黄永碤的绘画之路，从中学时代就正式开始了。当时厦门六中的美术教师郑静，多次要他参加校办美术兴趣小组。在郑静老师的精心指导下学习绘画，他一心向往着能考进杭州的浙江美院（现中国美院）深造。"文化大革命"期间正遇学校停课，厦门学画的人不多，在郑静和当年刚从美院回来的仁山、林琳、蔡志明等年轻老师的影响下，这批学生获益不浅。黄永碤和一群志同道合的年轻人（如林朝翔、李唯圣等人），在林琳的带领下，在同安完成了多幅大型的壁画，如《毛主席去安源》等，都是

▲ 黄永碤参与创作大型油画

▲ 在林琳老师的指导下画主席像

高达五六米、画在两层楼墙壁外的大油画。在蔡志明老师的指导下，他们又参加了郊区忆苦思甜展览馆的绘画，彼时的黄永碤虽然还未满18岁，但已练就了过硬的绘画基本功。

　　那一代人，可以说是在一片精神的废墟上成长起来的，由于严重缺乏学习绘画的书籍和资料，他们甚至经常翻进鼓浪屿工艺美术学校的围墙，到垃圾箱里寻找有关资料并剪贴成册作为学习参考。那个时代的孩子们对知识的渴求以及创作的劲头，是难以想象的。

▲ 黄永碤的指导老师蔡志明

▲ 中学时代的黄永碤在郑静老师的指导下作画

初涉舞台

　　1969年，黄永碳作为知青上山下乡，到了上杭县古田公社荣屋大队。他逐渐体会到生活的艰辛，幸有绘画这个一技之长，他经常被公社、大队邀请去办展览馆。在上杭干农活仅有短短一年，大部分时间还都在宣传组搞创作，不是画画，就是编印工地战报、做美编。这虽不是固定的职业，但却给他提供了良好的作画环境和充裕的时间。

▲ 知青时期的黄永碳

　　后来地区组建创作组，正在地区文化局抓创作的老师把他调进地区美术创作组，1972年，黄永碳和同为知青的林朝翔创作彩色版画《广阔天地练红心》《才溪乡组画》等参加了福建省美展，得到当时下放在龙岩地区的福建省著名舞美设计家潘子光、陈子南二位老师的赏识。1972年10月，在两位老师的极力推荐下，黄永碳和林朝翔正式调进龙岩地区汉剧团任美工，从此走上了专业舞美设计之路。

▲黄永碤（右一）在龙岩与师友合影，陈子南老师（右二）、潘子光老师（右三）、画友林朝翔（右四）

应该说黄永碤是幸运的，虽然在此之前他靠自学已有了较好的美术功底，但对舞美创作毕竟一无所知。于是，黄永碤便虚心地向潘子光和陈子南二位老师请教，并在他们的细心指导下开始了舞美创作实践。同时，他还从当时下放在汉剧团的许多福建省一流的舞台艺术家那里学到了表演、导演、化妆、灯光、音响等各方面的丰富知识。前辈们像对待自己的子女般言传身教，把黄永碤带进了舞台艺术殿堂。通过自身的刻苦努力与频繁的舞台实践，到了20世纪70年代末，他已在舞美创作上具备了较扎实的设计功底。1980年就创作出了汉剧《鬼恋》（与周扬合作）和《玉壶与金伞》《陈客嬷》《海岛女民兵》等几部戏的舞台美术作品。此后，他又单独完成了《苗岭风雷》《逼上梁山》《白蛇传》《孟丽君》等二十几部戏的舞台美术创作，并以其良好的舞台演出效果赢得了同行们的普遍称赞。

在黄永碌人生与艺术启蒙的路上，许多的师长和同道，都给他留下了难以磨灭的印迹。也许他们自己并非刻意，对这一切早已忘怀，犹如观音于净瓶柳枝中偶尔洒出的甘露。一个个真诚的施与者不会记着，而作为被甘露滋养过的受益者，黄永碌对此永生难忘。

20世纪70年代末，经过解放思想、拨乱反正，戏剧舞台呈现出百花齐放的大好局面。演出的剧目再也不是先前那样只有八个样板戏，传统大戏、现代戏、地方小戏等如雨后春笋层出不穷。改革开放后，社会形态已发生了根本变化。过去在形制、剧目方面几百年迁延不变的传统戏曲舞台，已成了一种过去社会的风俗画。传统戏曲进入现代社会之后，便开始了一种新的演剧形态。从表演内容、舞台样式、观演关系和审美特征这几个要素来看，现代戏曲已经在本质上发生了系统性改变。在龙岩期间，黄永碌担任了近百场的舞台监督工作，参加了上千场大小剧目的布、建台，亲历了基层剧团装卸布景道具等所有工作。那时，剧团经常下农村演出，对于常年辛苦劳作的农民来说，有戏看，甚至只是远远地听一听，单调贫乏的生活就因此有了乐趣、有了滋味，是难得的艺术享受。所以剧团一到现场演出，十里八乡的人们都会倾城而出。对于演职人员来说，下乡现

▲《海岛女民兵》舞台设计

▲ 1981年底，黄永碤结婚照

场演出却是十分劳苦的。与现代送戏下乡道具尽量精简不同，对于当时的农民来说，剧团来的人越多、装台的车来得越多，越觉得这个剧团正规。于是每次下乡，舞台道具、装台工具等都尽量自备，装车、押运、现场装台，辛苦而烦琐，甚至充满了危险。当年的戏台搭建简陋而又随意，安全系数极低，无非是就地取材的竹子或木头。有一次黄永碤在搭建时从台上摔落，差点丧命。由于布景要靠铁撑杆、压铁支撑，更换布景常在暗处转台，为了方便，他就总是用脚踢沉重的压铁，一踢脚趾就破了流血。所以，在剧团工作期间，他的脚趾没有一天不流血的。有时演出结束，都疲倦得不愿意回当地人家住，扯块布就在舞台上睡着了……俗话说"欲成其事，必熬筋骨"，流血的脚趾只能当作是小小皮外伤，顾不得那么多了。

　　黄永碤涉足戏剧舞台五十多年，跨越了传统与现代的门槛。他一直专注于舞美设计，算起来，这时他已经参与设计了近百台大戏，也积累了不

▲ 1973年留影，前排左起：陈子南老师、潘子光老师、灯光设计师潘达达（潘子光之子）、游启章同志；后排左起：黄永碤、林朝翔、龙岩地区汉剧团道具组廖平凡

▲ 1980年，黄永碤（左一）在龙岩与著名演员李保田（左二）、闽西广告公司前总经理周杨（左三）、闽西广告公司现总经理陈荣泽（左四）合影

少绘画基本功。他对戏曲传统深厚的认知功底，就是从这些收获时节的土场上、月当中天的庄院里积累起来的。

　　黄永碤的舞美设计作品涵盖了南北方几十个剧种，展现出了这些剧种具有代表性的典型特征。一方面，他注重传统文化精神脉络的追索与延续，用动态的眼光审视伴随社会历史发展而变迁的戏曲艺术；另一方面，他强调视觉语言的相对独立性，用现代理念思考如何为表演而设计，积极探索演剧空间的构造方式和表达方法。龙岩汉剧团，就是他舞台设计艺术的起点。他总是自谦地称自己为"基层舞美工作者"，正是这一段真正"基层"的经历，最传统的戏曲艺术和舞台的浸润，使得他的作品总是风格多样，充满活力。

崭露头角

　　1983年，龙岩市组建成立闽西广告公司，黄永碟历任美术设计、副经理、经理等职。广告公司不但承办汉剧团的舞美设计及舞台搭建，还对外承接广告设计、展览策划等业务，黄永碟的专业从舞台美术转向了实用美术。

　　1987年，他参加了成人高考并被福建省艺术学校舞美设计（大专班）录取，脱产学习了两年。学校的师资力量非常雄厚，教素描等基础课的老师都是中央美术学院毕业的，省内其他学校还不能画人体素描的时候，他们这个班就可以画，每次上人体素描课时，连其他老师都一起加入学习。

　　在两年的学习当中，黄永碟几乎每日都是三点一线，从宿舍到图书馆、再到教学楼。这两年里他在学校更多的是接受基本功的训练，并外出写生，在全省著名的彩画老师的指导下学习色彩。这很好地弥补了他以

▲ 在校期间，黄永碟创作的水彩、素描作品

前以创作和实践为主，素描、色彩、构图等基础知识不足的短板。同年，他还没毕业，作品《人体》《藏女》即入选"福建水彩、水粉画展"。1989年，师生们到四川九寨沟写生时，都是现场创作大画，围观的群众不相信他们是从偏远的福建来的，以为是北京名校的专业画家。写生回来之后，学校举办了一场毕业生作品展，展览还未结束，黄永砅的作品就被识货的人偷走了。

▲ 在校期间，黄永砅创作的水彩作品

　　学校的学习让黄永砅在专业方面更上一层楼，舞美设计理念也发生了变化。实习期间，在潘子光老师的指导下，他设计了闽西汉剧《春娘曲》和歌剧《李尔王》的舞台背景。这时他开始认识到，要在不同类型的剧本中寻求不同的立意，必然要求各个剧目要有不同舞台设计形式。布景设计的虚实仅是外部形式，应该由表及里地追求舞台美术的外部形象和思想内涵的联系，以及内容决定形式这一造型艺术的基本规律。让外部形象萌发于戏剧主题之中，并且应当考虑到观众的欣赏层次，努力做到雅俗共赏。力求把设计理念融入景物，使观众通过景物感受剧本思想，同时还可能通过观众的生活体验(或者说启发观众的思维)来领略、联想和丰富这种意念，产生共鸣。

　　与他之前在20世纪80年代初那几年设计的作品，如《玉壶与金伞》《鬼恋》《史碑案》等相比，学习之后，他的舞美设计既有一脉传承之处，也有所突破和提高。从整体的设计上看，《春娘曲》比以前的作品丰富、立体了许多。远景单纯的天幕色块加上虚透垂直的线条，中景流畅的树枝造型，前物架装置，都在讲究韵律、节奏，使人感到洁新、恬静、淡雅，烘托春娘善良、美好的精神境界。《春娘曲》的时间跨度较长，设计上从枯萎的枝叶到丰茂的大树表现时间的流逝；同时使观众从树的枯荣引起悲喜的感触，隐喻在春娘辛勤养育下，一个失去双亲的孤苦小孩日渐成才，终成状元的感人情景。《春娘曲》采用单元化的统一装置。该剧除第五场外均为室内戏，而且分别于五个不同的室内环境，设计中以梁柱为基本架，用不同的情景片来填补内框，变换场景使全剧的舞美设计既有整体性，又富于变化，风格也较明显，同时也解决了对地点、环境的描绘。1987年，在福建省第十七届戏剧展演中，《春娘曲》荣获舞美设计奖。

▲ 1989年，黄永碤调回厦门，1993年担任厦门市台湾艺术研究所所长

　　1990年，黄永碛接手创作乐舞剧《南音魂》的舞美，这是他回到厦门后设计、创作的第一个作品。他从寻觅与剧作内涵相吻合的写意化演出空间入手，大胆地把南音主要乐器琵琶抽象地化作了呈六度斜面的活动大平台，乐器的转轴则化成了上下的台阶，更将琴弦巧妙地化成了舞台后区垂拉的四组白色线条，从而大大加强了造型空间的实用价值和舞美"说话"的力度。这出戏荣获福建省第十七届戏剧会演优秀舞美设计奖。

▲ 南音乐舞剧《南音魂》演出后合影

一戏一格

1989年，黄永碤从省艺校大专毕业，改革开放，经济腾飞的厦门特区广揽文化人才，因知青返城的机遇，他顺利调回阔别20年的家乡，在厦门剧目工作室担任舞美设计。关于这一次的机遇，黄永碤后来在回顾中描述当时的心境："厦门是特区，是窗口，有八面来风，催人奋进，催人向上，催人登高，时时提醒我珍惜好时光。是时代赋予厦门责任，是故乡给了我机遇。生活包含着艺术，艺术使生命充实。不同艺术形式的交流借鉴，让人眼界更加开阔。我的舞美创作，也从单一的戏曲，投向歌剧、话剧、歌舞、大型晚会和广场艺术等。从闽西到厦门，时间和地域的改变并不意味着一个人艺术生命的断裂。传统的继承、挖掘；手法的借鉴、吸收；艺术的创新、探索；艺术生命承载的只会更丰富、更坚实、更多彩，有如高山流水，连绵不断，直达江河湖海……"

▲ 黄永碤校园留影

▲ 黄永碤与色彩老师林汉源先生合影

生活的多样性决定了戏剧舞台的多样性，黄永碤的舞美设计也讲究一戏一格。戏剧是视听盛宴，他也十分注重从作品的音乐当中汲取灵感，南音乐舞剧《长恨歌》就是一个很好的例子。

　　南音是福建省唯一入选联合国"人类口头与非物质文化遗产代表作名录"的世界性非遗项目，在闽南地区已流传上千年。南音乐社也随着闽南人的脚步遍布海内外，其中，中国的泉州、厦门、台湾，菲律宾、新加坡、马来西亚、印尼是南音流播的几个主要地区。许多闽南籍的海外弦友已在异乡漂泊数十载，走遍了大半个地球，南音使千百万听众销魂夺魄，如醉如痴，令人萌生故土桑麻之思、总角青梅之恋。"一阕乡音传海宇，何人不起故园情"，弦管一起，清音乍吐，勾起了游子深埋于心底的乡愁，让他们走遍天涯海角也难以忘怀。

　　20世纪90年代末，厦门的一群艺术家萌生了一个念头，把南音从厅堂的曲艺坐唱请上现代舞台。他们选择了唐代诗人白居易的千古绝唱《长恨歌》作为素材，与南音结合，以南音乐舞剧的形式展现在舞台上。这无疑是大胆的创意，也是一次全新的尝试。

▲ 黄永碤（左一）与厦门的同事、朋友在香港合影

　　当黄永碤接到为南音乐舞剧《长恨歌》设计舞美的任务时，特别注意倾听：倾听古乐南音的婉转、典雅；倾听唐玄宗与杨贵妃相知相爱的故事；倾听贵妃死后的心音，还有玄宗托梦团圆的呼唤……从而选择了

"圆"形为该剧的舞美基本造型。空黑背景下圆月硕大，金线勾出了唐宫雄伟的亭台楼阁；后半场用银线在上勾出"梨花图"（白居易把杨贵妃比作梨花，象征爱情纯洁）；两万多颗特制的圆珠串成十几组珠帘，从而构成《长恨歌》如诗如画的舞台形象。

真正的艺术总是能跨越语言和文化的障碍，赢得认可和热爱。南音的魅力其实也就是中国历史和文化的魅力，南音乐舞剧《长恨歌》曾在欧洲上演，向世界展示了一个民族对于美的品位和追求，获得了空前的成功与轰动。

黄永碳曾专门撰文记录了这一段辉煌的记忆：

《长恨歌》尽管投资少、规模小，但经过几年不断打磨，作品日臻成熟。2001年底，"布拉格之秋"组委会主席帕夫·斯比洛克在中国驻捷使馆观看全剧录像时，当场对剧组提出邀请。能在国际舞台上让世界人民了解中国古老音乐的价值与魅力，也正是我们创作的初衷之一。能得到这么宝贵的机会，我们非常珍惜。语言是赴捷克交流演出最大的障碍，捷克人懂法、德语多，懂英语少，懂汉语的更少了。为了让捷克观众更容易理解，我们给捷方寄去了宣传资料，驻捷使馆文化处先期做了大量的介绍、

▲ 2004年，黄永碳随南音乐舞剧《长恨歌》赴布拉格演出时留影

宣传工作。布拉格的主要交流枢纽、景点，都贴出了《长恨歌》的宣传海报。使馆还特别请捷克汉学家将全剧译成捷文，在演出时用字幕同步播出。在外首次进行综合性大型演出，除了缺乏实际操作经验，还必须面对布拉格国家歌剧院对演出高质量、高标准的要求。经费短缺和外出名额的限制，也在很大程度上制约了团队。为了节约国际运输费用、保证演出质量，灯光与音响由布拉格歌剧院提供。歌剧院还根据中方提供的舞美设计图纸，制作了全部布景、平台、台阶及十几米的唐代立体栏杆。根据国际航班规定的尺寸重量，舞美团队重新调整和制作了演出道具、软景。舞美尽量简约，剧组也由原来的50余人减至25人，成了"轻骑队"。在布拉格，建台、走台、合成到演出全都在一个工作日里搞定。

布拉格是名副其实的艺术之城，当代国际最权威的舞台美术展已连续40年、十届，都在布拉格举办，是世界舞美工作者心目中神圣的"麦加"。这里生活过许多世界著名的戏剧家音乐家、艺术家，德沃夏克、莫扎特、贝多芬都曾在这里流连忘返。仅有160万人口的布拉格，就有60多个剧院，有话剧院、歌剧院、喜剧院、古典芭蕾剧院、木偶剧院，各个剧院都有

▲ 布拉格国家歌剧院

其独特的戏剧演出。卓越的舞台设计大师约瑟夫·斯沃溥达生前所合作的"复合投影剧院"就在布拉格，它以投映与演员表演结合著称于世。那里甚至有为精神病人治疗为目的"栏外剧院"，以实验性而名震世界的"边缘"剧院、地下室剧院等。布拉格是个具有典型欧陆风情的城市，人们从容地休闲，享受生活。白天街上行人稀少，但当夜幕降临，这座拥有深厚文化传统的城市，在众多剧院的门口观众聚集如潮。多少年过去了，潮水不曾退去，优雅的休闲不曾消失，布拉格和波登湖畔的灯火依旧在入夜闪烁，难道他们的灵魂，只有在戏剧的召唤下才能得以净化、得以升华？在遥远的异国他乡，我真想对家乡的人们说：哦，看戏去……

　　我们为能在布拉格演出感到自豪，但压力和紧张一样围绕着我们，因为这是中国戏剧第一次在捷克首都上演，热情的捷克观众对来自神秘东方的演出充满期待。布拉格国家歌剧院内外灯光辉煌，应中国驻捷大使唐国强先生的邀请，捷克总统府、政府办公厅众院、各界代表盛装出席观看演出。1200个座位座无虚席，连站票都订光了。当绛红色的大幕打开，千年古乐《长恨歌》的乐音在金色的观众厅飘荡，台上的演员竟然问我台下有没有观众，怎么从进场到演出开始，观众席没有一丝声响？在欧洲、在戏

▲《长恨歌》布拉格演出舞台现场

剧的圣殿，是的，我们成功了！南音成功了！中场休息20分钟，现场掌声持续近5分钟；全场结束时，观众起立更是掌声雷动。演员们出场谢幕，先是全体，后是主演，观众掌声如潮，一浪高过一浪，大幕6次闭合，整个谢幕近20分钟。从事舞美工作30多年，参加过几千场演出，我从未遇到如此热烈的谢幕场面，这是缘，是叫人泪洒的欣慰，此时此刻，我为戏痴，我为戏狂！

演出归国，我接到中国驻捷大使馆丁海嘉参赞的来信，信中热情赞誉：中国的年轻艺术家们娴熟精湛的演技，把中国唐明皇与杨贵妃的爱情悲剧用"乐"与"舞"的形式演绎得淋漓尽致。委婉绝伦的唱腔和婀娜多姿的舞蹈，富丽典雅的舞台美术设计和曼妙动听的古乐笙箫演奏，营造出中华文化特有的韵味和强烈的艺术效果，使在场的捷克观众无不为之倾倒……

登高致远

▲ 黄永碤（左一）与时任中国剧协分党组书记、驻会副主席、文化部副部长董伟（左二），台湾研究所副所长曾学文（左三）合影

工作地域的改变，视野的开阔，给黄永碤积淀多年的创作经验注入了新鲜的血液，现代都市的审美需求活跃了他的创作思维。他深深感到，现代舞台设计在充分理解剧作的基础上，更应从事件的动作出发，为整个戏剧动作的进程确定适合的舞台空间结构。舞美必须全方位地把握、积极参与戏剧演出的整个过程。

1995年上演的《搔皮子七七》，舞台采用粗木条搭建，有多层大型构架设在演区。这种木构架布景自始至终没有拆换或移动，然而通过灯光投射转换、光区切割，或某些小道具点缀，结合演员表演动作，创造出了意蕴丰富的场景氛围或心理氛围。

此后，黄永碤又开始广泛涉及歌剧、小剧场演出、歌舞剧等多种形式的舞美设计。1996年，厦门市计划排演大型歌剧《阿美姑娘》。厦门开始尝试从北京和其他省市特邀了一批优秀的戏剧和其他艺术人才加盟剧目的创作。因为当时厦门自身的剧目创作基础还比较薄弱，高水平的艺术人才也比较缺乏，多邀请一些外省市优秀的戏剧和其他艺术人才加盟创作，对于提高厦门的剧目创作水平，无疑是有示范、感染和促进作用的；另外，从构建现代都市戏剧的角度看，对于人才引进，也是有必要的。

现代都市文化本就应该是开放的、交流的、富有包容性的。早在20世纪五六十年代，西方发达国家和我国香港地区剧目的创作，就采用了以制作人牵头，邀请吸纳全国乃至世界各地的艺术家共同参与的方式。厦门几乎与北京、上海等一些大都市同步，不少剧目的创作在尝试采用这种方式。黄永碤同时期创作设计的另一部小剧场话剧《日子》，就把演出的宣传推销工作尝试着交给广告公司去做，还成立了专门的舞美工作室，把灯光器材集中起来为所有演出团体服务。这些举措应该说也都是厦门在从剧目生产方式的市场化、社会化的角度为构建现代都市戏剧所做的努力。

1996年，歌剧《阿美姑娘》荣获第七届文华奖舞美设计奖、第五届中国戏剧节优秀舞美设计奖。黄永碤以日月形双转台和民族图腾柱构成舞台主体形象，象征民族精神永生不灭。随着反映台湾少数民族人民抗击日本侵略者的剧情展开，成功地创造了振奋情绪的舞台效果，并在灯光艺术强有力的渲染中，使剧作的主题得到升华。

之后，黄永碤为《日子》《邵江海》《上官婉儿》等剧目创作的舞美也屡屡获奖，让人惊艳。

这一阶段的成功，黄永碤觉得更多地应归功于自己赶上了厦门文化艺术大繁荣、大发展的好时代，又有幸得到了上海的周本义、金长烈，以及北京的陈融等一批顶尖的著名舞台艺术与灯光设计、戏剧导演等前辈大师们的指点，得到时任市委宣传部洪碧玲部长、时任市文化局罗才福局长、时任分管副局长叶之桦、时任艺术处侯南疆处长等上级领导的大力支持，以及各表演团体的领导们的支持、努力、帮助，才取得一些成绩。的确，厦门市的剧目创作原本在全省的戏剧舞台上是不起眼的，但自20世纪90年代末以来，由于厦门市的文化主管部门和戏剧工作者对剧目创作投注了极

▲ 黄永碤（右一）与福建省人民艺术剧院原副院长林宏恩（左一），上海戏剧学院教授、灯光大师金长烈（中）合影

大的热情，并根据厦门都市文化建设的需要和特点，提出了建构厦门"都市戏剧"的理念，并努力付诸实践，创作了《阿美姑娘》《日子》《白鹭女神》等一批以都市观众为欣赏对象，重包装、重现代形式美感的剧目，引起了人们的关注。在思想文化内涵和艺术水平上，这些剧目比以往的剧目也有不同程度的增强和提高。如果按一些戏剧评论家的说法，新时期的福建戏剧曾经出现过"莆田类型"和"泉州类型"，并各自引领过福建剧坛的风潮的话，新世纪之交似乎可以说又出现了"厦门类型"，并大有称雄福建剧坛的兆头。

　　还有一点让黄永碤体会颇深的是，当时厦门的文艺政策和创作机制，特别是五个表演团队（厦门市歌舞剧院、厦门市歌仔戏剧团、厦门金莲陞高甲剧团、厦门市南乐团、厦门小白鹭民间舞团）在人员、设备上统一调度、使用，这种团结一心、坦诚合作的精神是全国少有的。这也

▲ 黄永碤与台湾著名舞美设计名家聂光炎及其夫人合影

使得黄永碤的设计作品能够遍及戏剧、戏曲、话剧、歌舞甚至大型晚会等各个领域。

　　1999年秋，黄永碤正以舞美设计身份随高甲戏《金刀会》剧组在北京参加会演，突然接到了创作厦门市庆祝新中国成立50周年晚会大背景的任务。这是他第一次搞大背景创作，好在与舞台设计有相通之处，但是时间紧、任务重，意义也非常重大。他只能在《金刀会》修改方案时抽出10天时间，10天内他创作了12幅画，真可谓"特区速度"！这12幅画不仅要突出色彩效果，注重色调转换，营造热烈的国庆盛典气氛，更要衔接共和国的历史进程，展现特区建设的伟大成就，表达厦门人民对伟大祖国的深切爱意，创作难度极大。作为一个土生土长的厦门人，他努力调用自己40年来亲历祖国的发展和厦门的变化的切身感受和情感投入创作。

　　落实到具体创作中，选择厦门标志性建筑，简洁、大气地展现特区建设成果和风貌是此次背景创作的一大难关。为此，黄永碤和整个创作组多次删选，最后确认了在机场、环岛路中间突出建设者的绘画构思，独辟蹊径而又彰显人的精神。在创作《海峡情深》这一篇章的背景板时，他采用意象手法，一颗红心幻化为白鸽飞回大陆，表达两岸人民期盼祖国统一的心愿。此次黄永碤创作的12幅画总计22万平方米，切割成5480多块，由5000多名小朋友来具体体现，也是一次前所未有的创举。场面宏大之余，同样不失他一贯追求的简约、空灵、意象化的风格。

从厦门戏剧工作者提出建立现代"都市戏剧"开始，到他们从剧目创作的内容、形式，以及剧目生产和演出的运作方式等方面进行探索和努力，在当时是十分可贵的。或许厦门的具体做法及其所界定的现代"都市戏剧"的内涵，并不一定都适合于其他地区，但其基本理念——争取古老的戏曲艺术能在现代城市里生存与发展，对福建省乃至全国都具有普遍意义，并且得到了意料之外的收获。

▲ 黄永碤与福建省文旅厅副厅长吴新斌合影

　　其中，由黄永碌担任舞美设计的高甲戏《金刀会》，也是一次极其成功的尝试。《金刀会》原为田汉的旧作《杨八姐智取金刀》，原作题材和理念都较为传统。重新创构之后，导演手法和舞美设计的构想都颇为大气，前者很善于组织群体戏，调度大场面和营造浓重热烈的舞台气氛；舞美则大胆地使用大型投影仪投映，犹如宽银幕电影镜头的大天幕景，配合斜面大平台，创构出广阔深远又富于视觉美感和诗画情调的舞台空间，成功地把剧中人物的活动和观众的想象带到了关山苍茫、残阳如血的古战场，水草丰茂、风光旖旎的塞外大草原……加上演员精彩的唱念做打，音乐的清新优美和服装的绚丽多彩，将高甲戏这一古老的地方剧种和它所演绎的古旧故事，以新颖多姿的思想艺术风采吸引和征服了现代都市观众。

舞美破冰

2002年9月，第二十二届福建省戏剧会演拉开大幕，人们惊喜地发现，昔日福建省戏剧以剧本文学作为剧目创作的统领与核心，舞美、表演等二度创作赶不上一度创作，这种长期以来中国戏剧界对福建戏剧固定的共识和定评，悄悄破冰了！参演的32台剧目中，有一部分是以整体呈现的综合艺术力量，以及其营造的新颖、强烈的舞台形式征服了观众。其中黄永碤设计的作品歌仔戏《邵江海》、高甲戏《上官婉儿》尤为引人注目。

《邵江海》的舞美设计吸收与化用闽南建筑和民间歌舞的风格、节奏与韵律，在形似闽南民居"老照片"的条屏流动构成的舞台空间里，以独特的场面调度和变化多端的舞台节奏处理，加上一批年轻俊秀的演员出色的表演，音乐、灯光和谐巧妙的配合，上演了一出既古朴又新颖，既保留了歌仔戏的特点又具有现代戏曲美感的剧目。观赏此剧，但见满台灵韵流动，新鲜场景迭出，都极具新鲜感和创造性，给人以强烈的视听觉冲击和心灵震撼。由此使人看到在这出戏中，舞美设计以视觉为中心阐发的舞台艺术语汇已经完全突破了剧作文本语汇的束缚，而显示出自己的风采。

高甲戏《上官婉儿》的舞美设计，则从视觉艺术的角度体现出现代戏曲在思想上的飞跃。现代戏曲要求全链条上的每个环节都具备现代意识。视觉艺术的直观属性，使舞美设计的样式直接起到了引领观众审美趋向的作用。然而，中国戏曲的价值并不在于时尚性、当代性，而是在于心象造化、意象造型。斗转星移，只要是中国戏曲，就必然回归文化传统这样的美学精神。《上官婉儿》的舞美设计，将中国人的审美内涵与视觉艺术的现代性完美融和，既对比鲜明，又和谐统一。

全剧刻画了一位唐代著名女诗人、女官上官婉儿和我国历史上唯一的女皇帝武则天之间的复杂关系，她们相濡以沫，又相互抗争。上官婉儿形象的塑造是独具匠心的，她生命的历程，主要从清纯、聪慧的14岁少女开始，于强权之中蜕变、异化；从一个地位卑微的宫女，逐渐升迁为大唐帝

▲ 2007年，黄永碤参加布拉格国际舞台美术展

宫声势显赫的女官。

《上官婉儿》的舞美选择了以"花"为主体形象，有极强的象征性。先选择荷塘月色，莲花亭亭玉立，既有春意盎然的情趣，又有生命自由、高洁之寓意。5500流明高亮度投影仪，将幻境活灵活现于楔子。清纯的小婉儿与荷花幻境同时出现，它寓意着自由独立的生命鲜花。再选择被古人誉为国色天香的富贵牡丹，并把它以国画中"工笔重彩"绘制于扇面上。团扇是唐代宫廷仕女必备的随手用品，具有时代感。紧扣内容不断地演绎着这一样式。6幅条屏似花瓣，在开启、闭合、移动、裂变中为剧情展开而动，为情、境变化而移。花在裂变，真是"怎奈倾城的颜色，却教红尊

褪白去"，好不叫人扼腕叹息。舞美设计，正是希望寻找一个大象之物，使其具有符号般想象的意味，具有本剧独特的样式。演出时与全剧内容吻合，"花"与人一起，成了焦点。

从《上官婉儿》的舞美设计理念可以看出，黄永碤追求的是简约之"花"，实实在在，少了哗众取宠，又能获得观众的理解和共鸣。同游离于戏外的"玄虚"诀别，抛弃独立于戏外的所谓"观赏性"，创造既符合戏剧题材，又有利于二度发挥的舞台；创造既为戏曲认同，又被观众接受的舞台。2003年10月，《上官婉儿》荣获第八届中国戏剧节"优秀舞美设计奖"。

如果说《上官婉儿》的设计突出了唐宫廷华丽、富贵的牡丹形象；那么2004年，他为泉州梨园戏设计的《董生与李氏》，则又进了一步，将美学追求藏隐于艺术整体之中。整个舞台交织着古典与时尚，用现代光影技术表现时空与人心的变化。继承古典戏曲舞台扮演性的神韵与原则，展现舞美语汇于幕间戏前，不抢戏、不张扬，还演剧空间以最大的自由与流畅，给观众以最细微的品味与神游。该剧曾在全国各地轮番上演，荣获中国戏剧节最高奖。

制宜主义

　　到新世纪初，黄永碤已在舞美设计领域耕耘了三十多年，他虽然一直谦称自己是一名"基层舞美工作者"，实则已成为全省业界公认的执牛耳者。2005年，黄永碤任厦门市戏剧家协会主席；2006年，荣获省首届"全省优秀中青年戏剧工作者德艺双馨"的荣誉称号；2007年，出任福建省戏剧家协会副主席。他的舞美创作一直在追求一个目标、一种境界，那就是探求舞美设计融入现代文明：能多一点赋予都市戏剧当代意识、时代精神；能注重舞美样式的创造和舞台形象的选择，以及戏剧空间的探索；能合理运用现代技术；能展示个人艺术个性和风格，力求达到思想内涵和戏剧综合表现的完美结合。

　　然而，戏剧是一门综合艺术。舞美设计不像编剧，剧本是原创，舞美属于二度创作；它也不像戏剧导演，处于绝对的指挥地位；更不如表演，能够成为牵动观众情感的焦点。舞美要达成自己的艺术理想，除了高超的创作能力，还需要有更多的"戏外"功夫。相比于编剧、导演、作曲、表演等方面的大师们，舞美设计师似乎没有那么的光彩夺目，没有得到很多的关注。但他们在艺术探索上的巨大贡献和艰苦跋涉，却同样是整个戏剧艺术发展的重要推动力。

　　舞美设计师在与导演的合作过程中，常常会发生戏剧观念的严重冲突，即舞美设计的形象思维可能超前于导演，舞美设计对剧本的理解可能更深于导演。在双方观念差之千里的情形下，舞美设计若要将自己的构思强加于导演，导演会担心自己的构思被舞美系统带偏，从而在主观上有所排斥。这种不对称的状态，通常使双方的合作难以愉快，反而可能发展成双方之间长年挥之不去的噩梦。每个成熟的导演和成熟的舞美设计，都有着自己强烈鲜明的艺术创作个性和美学追求倾向。如果双方相克不相生、对冲不交融，最终升级为剧院/团领导采用行政手段干预，只能导致剧目创作处于尴尬，甚至失败的局面。但这样的冲突，在黄永碤的创作历程中鲜少发生。理想的状态当然是导演和舞美设计师相互熟悉彼此的风格追求，戏剧观念一致。按照20世纪50年代仿照苏联剧院建制以来所形成的院团制，总是在一个剧院/团内寻求一对和一系列长期合作的伙伴及创作班底。

20世纪70年代，在地区级基层剧团的艰苦条件下，黄永碤就以汉剧《鬼恋》《玉壶与金伞》获舞台美术设计奖，从而崭露头角；1985年在汉剧《史碑案》中富有创意地使用了中性组合平台，再获设计奖。1990年，在厦门市南音团的乐舞剧《南音魂》中，舞美设计的新颖、大胆与表演的紧密结合，成为惊艳了当年福建省舞美界的创意之作。可以想象，在物质相对匮乏、观念相对保守的年代，黄永碤与导演精诚合作、相生相融，是多么难得。

现实中，在导演与舞台美术设计师的合作过程中，另外一种经常发生的冲突是知名导演与中/青年设计师之间的矛盾。设计师碍于名导的压力，可能在先前新锐、前沿的设计方案中，下意识地进行折中、退让，殊不知这种妥协会带来剧目整体上的损失。通常还会发生导演发现自己的构思与设计的构思相左，设计的构思喧宾夺主，方案就可能会被导演断然推翻的情况。于是设计师常会为了不丧失机会，一时气馁失去创作热情，陷入极为被动的局面，导演要什么就给什么，舞台布景最终支离破碎。

1989年，黄永碤在回到魂牵梦萦的家乡厦门后，他没有选择剧团，而选择了市剧目创作室，就是为了能够有大量多剧种剧目、多样式演出的创作机会。而且，自90年代以来，随着改革开放的深入，国内戏剧界出现了一种更倾向于欧洲的方式，即导演采用不断换剧院、换演员的方式，在人才不断交流互动、优化组合的过程中完成自己的创作。在这种情况下，作为一名舞美设计师，黄永碤在与国内著名导演的合作过程中，常常表现出随机应变的睿智和机敏，体现出强大的适应性。在大型歌剧《阿美姑娘》的创作中，与著名导演陈颙的合作；歌仔戏《邵江海》与著名导演韩剑英、林兆华的合作；小剧场实验戏剧《日子》与著名导演吴晓江的合作，都很好地解决了如何服从导演、如何因时因地制宜、理解导演构思的问题。

　　面对这样优秀的合作对象，黄永碤往往有一套极为完整和缜密的设计和特别详细的预案，能绘声绘色地说服导演接受自己的构思。他美妙的阐述往往能够激发导演创作的想象力，让双方在坚持中合作，在合作中互补互融，这种方式往往能使剧目创作获得较为圆满的成功。

　　在青年导演与知名舞美设计师的合作中，总会有这样的规律：青年导演常有新锐奇妙的构思，而知名设计师大多按自己的过往经验进行舞台设计；青年导演依赖于合作者丰富的剧场经验，过分放纵了整个舞美系统的发挥，无形中使自己的构思扭曲变形，损害了演出的艺术完整性。已成为知名设计师的黄永碤，在与青年导演合作过程中，很好地解决了怎样与青年导演互补互融的问题。大型汉剧现代戏《搋皮子七七》、新编历史剧《上官婉儿》就是很好的例证。他在创作过程中总是全力去感受、理解青年导演新锐的构思，诚恳地用自己丰富的剧场经验去弥补青年导演的不足，同时适宜地将自己的构思渗透交融于导演构思中，在创作过程中高密度地与导演进行交流。使得导演、舞美设计、灯光设计三者构思得到高度融合，保证了演出艺术的完整性，使剧目演出呈现出一种从容大气却不乏新锐的面貌。

　　在黄永碤的舞台美术设计美学追求中，他始终遵循自己在长年创作中积累出来的经验："舞美形象的产生，首先是受剧本内在精神的感染，寻找文本的核心特征尤为重要，要学会在构图中反复地、冷静地选择。"他清醒地认识到导演和舞台美术家之间的合作基础首先在于对剧本正确精到地解读，这是二者合作的唯一依据和前提。剧目创作想获得成功，一定要有一个优秀的剧本；一个舞台美术设计想获得成功，就必须尊重剧本、研究剧本，与导演在剧本认知上达成观念的共识。

　　在长年的舞台美术创作中，黄永碤认定"中国戏曲的价值不在于时尚性，而是在于心象造化、意象造型"。在创作中，黄永碤都会极为认真地听取剧作家、导演对剧本的分析，找寻文本的核心，细心地从中捕捉演出总体形象的外部样式，而后提出详细的构思，再通过导演交流、讨论来确定演出样式。

　　纵观黄永碤历年获奖作品的设计构思和体现，几乎都是与整体剧目浑然一体的。他的舞台美术创作从来没有脱离剧本或超越剧本，更没有受到前些年开始在国内舞美界悄悄流行起来的"大舞美"观念的影响。在黄永碤的思考当中，舞台设计不是孤立静止的造型艺术，它不像一幅画那样有其独立的审美价值。舞台设计创造的演出空间，是烘托表演的动态结构。有时看某一场景设计图很美，构思形象很完整，但一旦体现到舞台上，待人物上场便发现演区设置的景物过多，细节形象过分琐碎，限制了表演动作展开所需的空间纵深感和横向开阔度。这样的舞台设计，即使它表现的环境特征很充分，也是不足取的。有的舞台设计单独看舞台上东西不多，但演出效果却很好。

　　前面提到的高甲戏《金刀会》就是一个很好的例子。看过《金刀会》演出的人，大多有一个共同的印象，说它舞台面貌"大气"。所谓"大气"是从演出形象整体和谐而来的，是二度创作各部门密切配合的结果。

　　《金刀会》是一出大型历史传奇剧，叙述征战与和平的故事。展开历史长卷，需要有开阔的场面。因此，设计者在演区设置了大面积的斜平台，与天空接壤的外缘是弧形的，它延伸了舞台纵深感。同时，斜面平台也是隐形的高台，便于组织展开有层次感的群众场面。由此可见，舞台设计创造的演剧空间有力地支持导演组织舞台调度，帮助演员展开动作。《金刀会》的灯光和服装的造型作用也体现得很好，他们在创造舞台的色彩气氛或表现情绪节奏方面，与舞台设计配合默契，就连细小的道具都为综合创造舞台整体氛围发挥了良好的造型作用。让观众印象最深的是天波府的祭奠场面：舞台设计与灯光设计一起创造了灵堂惨淡哀伤的情绪基调。因为战争，天波府失去了以老令公为首的数位青壮男丁将领，付出了沉痛的代价，素白一色穿戴的杨门女将悲痛地祭奠英灵。观众看到灵堂内悠悠移动的祭奠人流，每人手里擎着三支点燃的线香，星星点点的闪光划破了灵堂肃穆沉寂的氛围，犹如闪亮的希望之光，也似世代忠烈的杨门女将残存心底没有熄灭的火种。《金刀会》舞美样式十分重视综合造型体现戏剧整体表情达意的魅力，道具也能在与人动作的和谐中，形象地传递出剧作刻画的人物心理氛围。

　　总而言之，舞台设计样式的意味取决于它与戏剧的联系。舞美样式在综合戏剧时空、动作的内在含义方面发挥造型优势，便能体现深刻的意味，产生令人难忘的艺术感染力。

情满华夏

从黄永碤创作的舞美作品中不难看出，虽然他常采用简洁、含蓄的造型方式来构筑富于表现力的舞台空间，但所设计的舞美样式却能次次出新招。这显然与他一贯的进取精神与强烈的创新意识分不开。他认为："在舞美创作中，有追求的失败要比无追求的成功更有价值。"这就充分显示出他的胆识与魄力。但他在设计中决不为了形式而形式，急功近利地去撞开构思的大门，而是在充分理解剧作内涵的基础上，从内容出发去创造最佳的表现形式为演出服务。因此，他从来不会为形式所困扰，也不会为思路的阻滞而烦恼，能始终保持着一种旺盛的创作势头。同时，他还不断地刻苦学习，从中吸取新的知识营养来增长自己的才智。由于他创作路子的正确与扎实，再加上这种长期不懈的学习、实践、总结与探索，才使他的作品长期地与奖牌结缘。

黄永碤涉足戏剧舞台五十多年来，已经做了三百多台戏。如果说在当下的中国戏曲领域中，京昆以及"地方戏"或曰"地方剧种"之间的区别在于声腔、语言、地域文化等元素，那么现代戏曲的舞美设计则更趋于某种统一性，不论什么剧种，也不论是新编历史剧还是戏曲现代戏，其舞美状貌普遍呈现出精神内涵回归传统与现代设计美学相结合的整体特征。地方的剧院／团经常从北京、上海和其他发达省市特邀优秀的戏剧和其他艺术人才加盟剧目的创作，这和经济领域内引进人才和技术以发展本地经济是一个道理；此外，从构建现代都市戏剧的角度看，这也是正常的。因为现代都市文化本就应该是开放的、交流的、富有包容性的。

随着这种开放的趋势和众多作品不断得奖、蜚声海内外，黄永碤的舞美设计作品逐渐涵盖了南北方几十个剧种、各种舞台样式，足迹遍布华夏大地。但无论是何种地方戏，无论是传统戏曲还是现代话剧、小剧场演出，针对不同剧目，他总是广采博收，摈弃墨守成规，又礼敬传统、兼收并蓄，这种坚守但不拘泥、创新又有边界的观念，让观众们充分感受到传统戏曲的地方文化特色，又不失"一戏一格"的独特魅力。

戏剧评论家曹末先生的文章《戏曲舞美设计的稳中求变和与时俱进》中对此有充分论述：

例如莆仙戏《叶李娘》，把传统戏曲"一桌二椅"的美学范式当成空间意识的根脉，而不是束缚。再如赣剧《青衣》，同样要面对现代生活题材与古老地方剧种之间的矛盾，他巧妙运用了形象元素的符号作用，使空间、造型和色彩体现出时代审美风尚。我们可以看到，黄永碤舞美创作的基本底色就是尊重传统、稳中求变；在创作中紧紧围绕戏曲美学特征——写意性、虚拟性和程式性，但从不将其固化或类型化，而是把握分寸，稳扎稳打，逐渐突破。

在婺剧《血路芳华》中，他同时使用转台和高台，把生活的真实转换为艺术的升华，用适度的自由和变化向既往的程式提出挑战。歌仔戏《侨批》经过2018年、2021年两次创作和修改，数易其稿，最终采用双转台，极大地促进了时空转换的灵活性。因此，当艺术的主体与客体达成默契，不断攀升的观众接受能力将倒逼传统表演程式增加难度，进而提升舞台艺术的观赏性。这是现代戏曲在思想上的飞跃，视觉艺术的直观属性，使舞美设计的样式直接起到了引领观众审美趋向的作用。这折射出黄永碤对戏曲传统的认知功底深厚，尊重其美学特征和基本规律。

在京剧《战马萧萧》的设计中，他采用点线面构成画面，形成装饰性舞台视觉结构。芗剧《生命》则截取生活中的片段，形成视觉语言，在不断创新的过程中思考戏剧空间的奥义。戏曲舞台通过文本叙事、表演叙事与视觉叙事来展现戏剧张力，而舞美设计师则是通过视觉景观表达戏剧张力。黄永碤几十年的创作实践，由被动的继承走向自觉的反省创新。通过空间和时间共同构成可视的戏剧场面，表现戏剧叙事和记忆中的传统，为传统戏曲舞台的唯美主义赋予新意。

莆仙戏《魂断鳌头》、南音《清曲雅乐》等，都体现出稳定凝重、安静雅致的对称之美；淮剧《菜籽花开》、高甲戏《大河谣》以及评剧

《半把剪刀》等，则呈现出丰富多变、和谐统一、充满活力的均衡之美。此外，在南音《白鹭赋》、京剧《玉簪缘》等作品中，他更加强调行云流水、抑扬相谐的韵律之美，富于强烈的节奏感。

从京剧《程长庚》的设计中可以看到话剧舞台的艺术语汇，在头一场戏，近景是程长庚安徽老家的低矮土屋，而天幕背景则是高耸的京城大前门，这样的设计旨在把台口当成观众观察戏剧空间的窗口，搭建现实与梦境之间的桥梁。此外，歌仔戏《陈嘉庚还乡记》、闽西汉剧《伯公灯》等多部剧目的舞美设计，也都体现了同样的表达方式。

在小剧场高甲戏《阿搭嫂》中，他采用极度简洁的线条框架为表演空间赋予禅意；小剧场歌仔戏《孟姜女》《荷塘梦》等剧目中，他用舞美设计从内部把控演出的品相，不断探索新型观演关系。这些作品不仅从细微处推动小剧场戏剧的本土化，而且在某些程度上催化了地方剧种的现代化。

在黄永碌的作品中，我们能明确感受到他那福建沿海人的典型个性，除了徽剧《包公出山》、南音《赵五娘》等一类新编历史戏的特定场景，带有细腻的写意性、装饰性，更有写实性的黄梅戏《小乔初嫁》以宏大的水陆战争场面给观众带来视觉震撼，以及豫剧《黄河红帆》、秦腔《文成公主》和高甲戏《陈化成》等，营造出大气磅礴的空间效果，这些作品为当代乃至未来的戏曲舞美创作提供镜鉴与思考。

淮剧《谷家大事》的背景使用LED大屏，通过一个小家庭的窗口展现苏北大地的江河湖泊，使科技设备直接介入戏剧演出；而在高甲戏《造桥记》中的多媒体紧扣传统舞美风格，并不用来还原或者仿真，而是强化装饰感。因此，不难看出，在戏曲舞台上运用现代科技，只要与剧目相匹配就是合适的。

戏剧舞台不仅是一个空间场所，也是一个时间场所，在运动中共同经历表演的过程，在观演之间传递虚幻的情感。现代化剧场装备无处不包含科技因素，精准的运动操控系统改变着舞台装置的互动方式，也促使设计师不断适应和创造新的空间关系与戏剧节奏。例如，高甲戏《大稻埕》

中，他适时调动转台与吊杆的运行升降，用视觉语言强化战争与和平、光明与黑暗、开朗与压抑等矛盾冲突，使观众在现场体验中感受科技美学的温度，观剧心理得以升华。另外，他还非常注重舞美呈现的制作工艺和材料，不是简单再现剧本要求的客观环境或装置，而是更多考虑如何从线条、造型、色彩等视觉要素中挖掘精神实质。例如，越剧《唐韵》中，看似是唐代风格的建筑物，但经过分割、组合以及重置，加上材料和色彩的特殊处理，使其产生陌生化效果，用象征手法暗示、隐喻文本所要表达的戏剧情绪。

黄永碤说，每当审视自己的新作，成功的满足转瞬即逝，随之而来的是因经费不足无法纠正败笔的遗憾。"我总是寄希望于下个戏，既不同于他人，也不同于自己。"正因为如此，时至今日，黄永碤已届古稀之年，还依旧保持旺盛的艺术生命力和创作热忱。

晚哲之思

▲ 退休后的黄永碤

　　黄永碤的生活与创作的地方处于改革开放的前沿，有机会、有条件较早地走出国门，放眼国际舞台，吸纳多元文化。因此，他的思维和创作并不因循守旧。

　　年轻时，黄永碤深受传统文化的滋养，对戏曲传统的认知功底深厚，能够充分尊重戏剧的美学特征和基本规律。南音乐舞剧《长恨歌》在欧洲艺术名城——捷克的布拉格演出广受欢迎的盛景他永生难忘，中华5000年历史和文化的深厚积淀，就是自己前行的资本。他礼敬传统，又不断自觉反省。

　　他谈到，国外现代艺术的兴起，其实也是在寻找新出路、新途径。我们要有信心，探索前行。他深深感到，人生因舞台而充实。

　　2012年，年届花甲的黄永碤，从福建省厦门市台湾艺术研究所所长、书记的岗位上退休。同年，他仍被厦门市组织部授予"厦门市第五批拔尖人才"称号。同年，他为天津评剧《赵锦棠》创作的舞美设计，荣获戏剧界最高奖项——文华奖舞台设计个人奖。该剧的舞台设计巧用活动可翻转的透明条屏，代替传统的二道幕，用极简约的手法成功地展现了赵锦棠这个人物的丰富内涵，实属独创。2013年，黄永碤荣获中国舞台美术首届"年度人物"称号。

退休之后，黄永碤还多次为文化部举办的舞台设计训练班讲课，并被厦门大学台北艺校特聘授课。2021年被聘为厦门大学业界专家，2022年被聘任为福建省剧协舞美分会名誉会长。

时光荏苒，人生如梦，一晃他已到古稀之年。他更感到时光似箭，留给自己的时间已经不多，但他仍在不断拓展眼界，开拓进取，不断有作品获奖。

新疆来厦的学习班和厦门大学分别邀请黄永碤做专题讲座，分别为《新时期舞台艺术的创新思路与方法》与《舞美设计在戏剧舞台的作用》，这两个课题都有相似之处，黄永碤感触尤深。带着数十年的舞台设计经验和思考，他在课堂上提出了两个引人沉思的问题：

现在大量的城镇改造、新区的设立，造成旧剧场拆迁外移。但许多戏曲的基本观众来自旧城镇的老人，当新剧院一般建置于市郊时就与老观众有了距离，观众减少了。新剧场一般按新的标准、规模来建造，规模宏大，一般做成品字形的镜框式舞台。其实，在国外镜框式舞台百年前就形成了，它是为写实透视布景而设立的。除了早期歌剧剧场多是镜框式外，现代涌现出许多小剧场，各国都在探索舞台新样式。20世纪90年代，我在捷克国家歌剧院就已看到100年前的转台，而我们现在还把镜框式舞台奉为世界最先进的前后转、两侧推拉台。

他很反对这种不明所以的形式主义。他认为：剧场是文化阵地、地域标识，应设立在市中心。品字形舞台很占空间，机械舞台同样不适合。机械舞台造价高，维护成本高，利用率极低，且安全系数低，也不是当今表演艺术追求的空间较果，它与戏曲的表演空间更加格格不入……这些问题应该引起有关部门的重视。当代的舞台美术发展，在经济和技术的驱动下十分迅猛，行业中的每个人都有不同的"危机感"是正常的。尤其是数字化灯光、LED屏、冰屏等新技术的运用，大装置充斥着我们的舞台。我们应更重视综合艺术的追求，防止现代技术对传承舞台的绑架。

他指出：

我国现在除了几个大剧院有布景仓库外，绝大多数不具备库存条件。一般一台新戏投入至少上百万元，演一两场就丢了，不再排演，殊为可惜。我们应当遵重艺术规律，我经常发现一度创作（剧本或歌剧中的音乐）的问题，是二度创作（舞台设计）所无力解决的，当舞台美术对传统戏曲影响的作用越来越大的时候，更应注意它的"反作用"。中国历史5000年给我们遗留许多宝贵的文化和思想遗产，当我带着古乐南音《长恨歌》到西方文化圣地捷克首都布拉格演出时，竟出乎意料大受欢迎，谢幕长达近20分钟，六次返场观众依然热情不减、掌声不绝。

黄永碤没有因此而陶醉，而是陷入了深深的思考：

即使是如此成功、如此精彩的大戏，在国内也常常只有少数老人光顾，抱着对已逝传统的怀念而前往观看。对于传统文化如何传承，如何创造地利用，我的六弟当代艺术家黄永砯，与他的法国艺术界同行早已十分重视。

我们两兄弟从事的是完全不同的专业方向，平时也极少交流。他在上海首届当代美展和北京798的展览我去看过，在巴黎大皇宫的个人大展我也应邀去看过。对于当代艺术，我们常抱有偏见，认为无法理解、看不懂就是不好的。其实西方的绘画艺术已进入瓶颈，他们在寻找出路，谋求多样化。东方5000年的文明史，无疑有许多可供他们借鉴之处。

反过来，我们更要重视自己的思想性，而要防止片面追求技术性而忽视自己传统的内涵。我认为舞台艺术设计的职责，不仅是建构出全剧演出的四维空间，还应该是赋予演剧空间表情和性格的人。舞台美术设计是演剧空间视觉艺术的主要创造者，已成现代戏剧舞台综合艺术整体中不可或缺的一部分。在案头就必须充分地与文本对话，深刻理解并与导演良好互动，彼此尊重，取得共识。

▲ 2019年9月，六弟黄永砅最后一次回国，与黄永碤家人合影

　　在一个优秀的舞台美术设计作品里，我们可以感受到文本的灵魂、导演的身影和音乐的律动。当然我们还有责任与灯光、服装、化妆、道具、效果等舞美设计部门全面沟通，并指导舞美制作，相互合作完成演出。我们的工作不仅是去重新诠释既有的文本，还应努力为作品提供一个前所未有的样貌，创造出能够反映戏剧内在精神的外部表现形式，服务于戏，作用于戏。

　　黄永碤是他那一代卓有成就的艺术家的典型代表，他一生奋斗的年华正处于国家、社会高速发展的新时代，生活、工作在这个时代，大部分人都有不同的危机感，这是正常的。他自述，退休以后，自己也有了严重的危机感，他以为是年龄造成的。他看了大量的国内外哲学书籍求解，如西

▲ 黄永砯创作的当代装置艺术作品《海蛇》，目前在法国海滩已成为著名的当代艺术打卡景点

方的哲学经典，弗洛伊德、尼采、叔本华、荣格等人的著作，还有东方哲学经典，如《孝经》《易经》《大学》《中庸》等。经常是看了一页忘了下页，更觉得对于传统文化的传承及现代艺术的认识不能生吞活剥。历史的发展是动态的，人应当多方面加强学习，不能一味地埋怨，或感到危机就退却，甚至抱怨。时代在前进，人更要勇于前行。

　　正因这样不断地进行艺术创作和学习，他达到一种忘我的境界，生命更充实、更丰盛。一个艺术家，他的思想、他的成就，全在作品中。让我们共同期待一个永不停步的艺术家未尽的思考和感悟。随着时间的沉淀，他对艺术的理解，以及我们对他的理解，都会像酒一样，越来越绵长，越来越醇厚。

第二辑　作品精选

作品精选

▲ 闽西汉剧《海岛女民兵》

1975年，龙岩地区汉剧团创作、演出

▲ 闽西汉剧《鬼恋》

　　1980年，龙岩地区汉剧团创作、演出，荣获福建省第九届现代戏会演舞美设计奖

▲ 闽西汉剧《鬼恋》

1980年，龙岩地区汉剧团创作、演出，荣获福建省第九届现代戏会演舞美设计奖

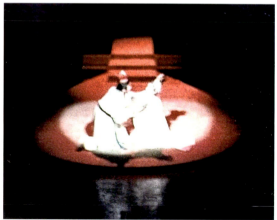

▲ 乐舞剧《南音魂》

　　1990年，厦门代表队创作、演出，荣获福建省第十七届戏剧会演舞美设计奖

▲ 闽西汉剧《擂皮子七七》

　1995年，龙岩地区汉剧团创作、演出，荣获福建省现代戏调演优秀舞美设计奖

▲ 歌剧《阿美姑娘》

　　1996年，厦门市歌舞剧院、厦门市台湾艺术研究所创作、演出，荣获福建省第二十届戏剧会演舞美设计荣誉奖、第七届中国艺术节文华舞美设计奖

▲ 高甲戏《金刀会》

　　1999年，厦门市金莲陞高甲剧团创作、演出，荣获福建省第二十一届戏剧会演优秀舞美设计奖、第二届厦门金鹭奖优秀舞美设计奖

▲南音乐舞剧《长恨歌》

2000年，厦门市南乐团、厦门市歌舞剧院、厦门市台湾艺术研究所创作、演出，荣获第十届文华奖优秀剧目奖；
2004年应邀参加"布拉格之秋"演出

▲ 歌仔戏《邵江海》

　　2002年，厦门市歌仔戏研习中心创作、演出，荣获福建省第二十二届戏剧会演优秀剧目奖；2007
年，荣获第八届中国艺术节·第十二届文华大奖、文华舞美设计奖

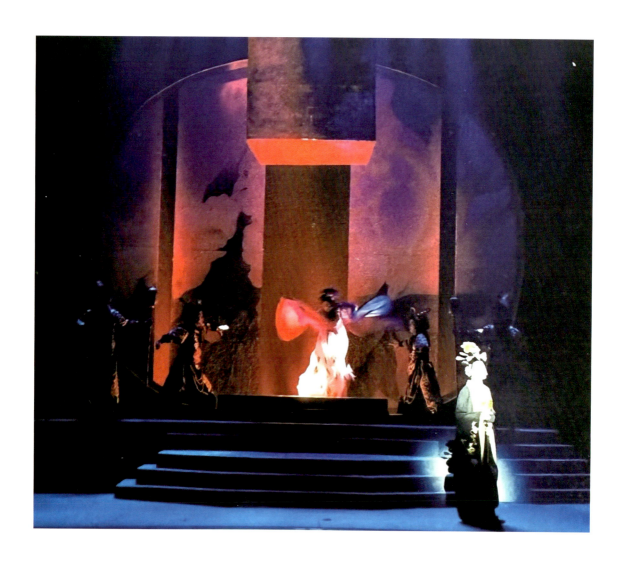

▲ 高甲戏《上官婉儿》

2002年，荣获福建省第二十二届优秀舞美设计奖；2003年，厦门市金莲陞高甲剧团创作、演出，获中国第
二届舞台美术展览会作品大奖

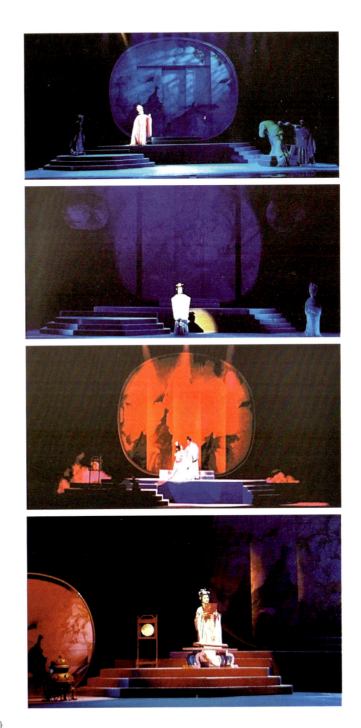

▲ 高甲戏《上官婉儿》

2002年，荣获福建省第二十二届优秀舞美设计奖；2003年，厦门市金莲陞高甲剧团创作、演出，获中国第二届舞台美术展览会作品大奖

▲梨园戏《董生与李氏》

　　2004年，福建省梨园戏实验剧团创作、演出，荣获"2003—2004年度国家舞台精品工程十大剧目中国舞美学会奖"；在第七届中国艺术节"2004华文地区舞台美术研讨会暨优秀舞台美术作品展"中荣获优秀舞台美术作品奖

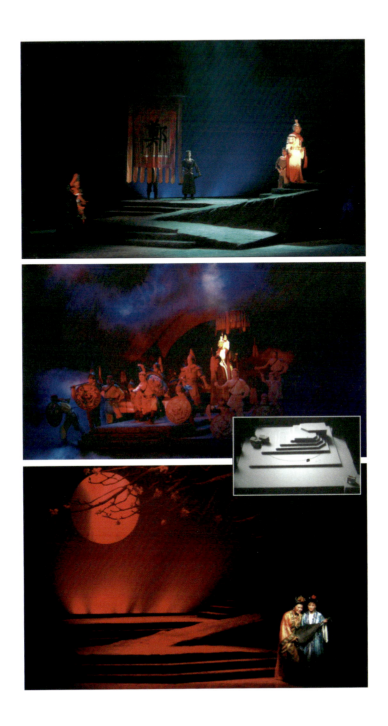

▲ 话剧《沧海争流》

　　2005年，福建省人民艺术剧院创作、演出，荣获2005—2006年度国家艺术精品工程初选剧目

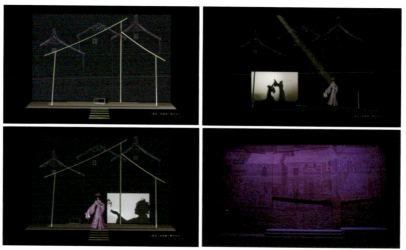

▲ 高甲戏《阿搭嫂》

　　2006年，厦门市金莲陞高甲剧团创作、演出，荣获全国地方戏舞美设计奖，福建省第二十三届戏剧会演优秀
剧目奖、优秀舞美设计奖

▲ 闽剧《王茂生进酒》

2007年，福建省实验闽剧院创作、演出，荣获国家艺术精品工程备选剧目

▲陇剧《苦乐村官》

2008年，甘肃省陇剧院创作、演出；2010年，荣获第九届中国艺术节·第十三届文华大奖特别奖

▲陇剧《苦乐村官》

　　2008年，甘肃省陇剧院创作、演出；2010年，荣获第九届中国艺术节·第
十三届文华大奖特别奖

▲ 京剧《北风紧》

　　2009年，福建省京剧院创作、演出；2010年，荣获第九届中国艺术节·第十三届文华大奖特别奖

▲ 越剧《烟雨青瓷》
　　2010年，宁波市小百花越剧团创作、演出，荣获第二届全国越剧节金奖

▲ 莆仙戏《搭渡》

　　2010年，仙游鲤声剧团创作、演出，荣获国家舞台艺术精品奖，入选国家舞台艺术精品工程年度资助项目

▲ 歌仔戏《荷塘蛙声》

　　2011年，厦门市歌仔戏剧团创作、演出，参加国际剧协第三十三届大会优秀剧目展演

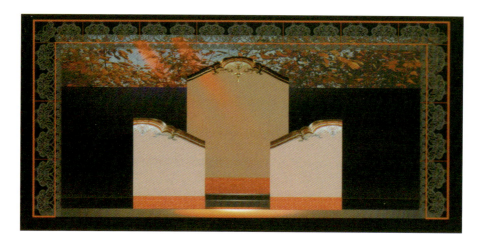

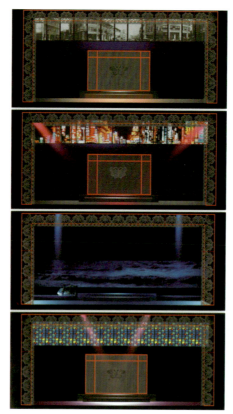

▲ 歌仔戏《蝴蝶之恋(三稿)》

　　2012年，厦门市歌仔戏剧团创作、演出，第十二届全国精神文明建设"五个一工程"奖优秀戏剧奖；二稿曾荣获第九届中国艺术节·第十三届文华大奖特别奖

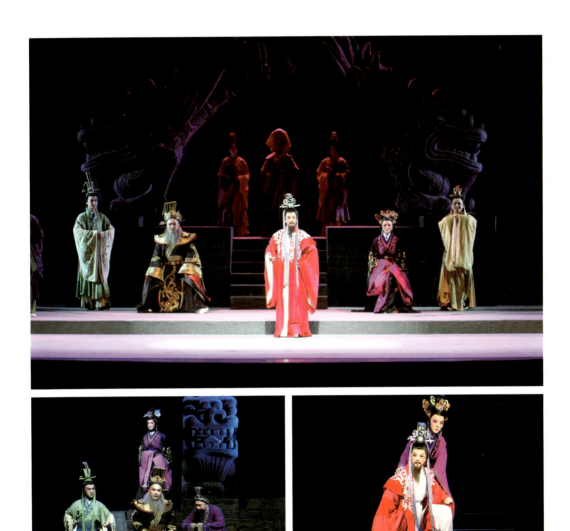

▲ 高甲戏《洪水寒》

　　2012年，厦门金莲陞高甲剧团创作、演出，荣获福建省第二十五届戏剧会演舞美设计一等奖

▲ 评剧《赵锦棠》

　　2012年，天津评剧院创作、演出，荣获文化部第十四届文华奖舞台设计奖

▲ 赣剧《青衣》

　2013年，南昌大学赣剧文化艺术中心创作、演出，荣获第十三届中国戏剧节剧目奖

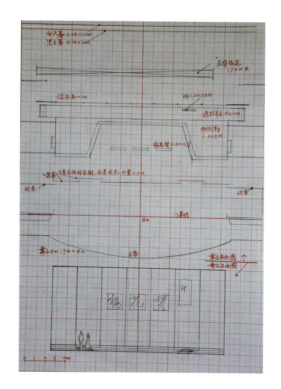

▲ 晚会《梅花赞——梅花奖30周年》

　　2013年，中国剧协梅花奖艺术团创作、演出

▲ 晋剧《晋阳春秋》
2013年，太原市晋剧艺术研究院创作、演出

▲ 高甲戏《大稻埕》

2014年，厦门金莲陞高甲剧团创作、演出，荣获福建省第二十六届戏剧会演舞美设计一等奖、第十四届精神文明建设"五个一工程"奖（2014—2017）

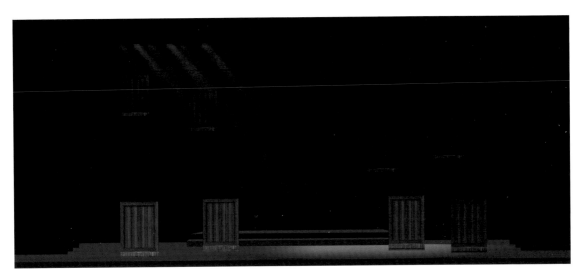

▲ 高甲戏《大稻埕》

2014年，厦门金莲陞高甲剧团创作、演出，荣获福建省第二十六届戏剧会演舞美设计一等奖、第十四届精神文明建设"五个一工程"奖（2014—2017）

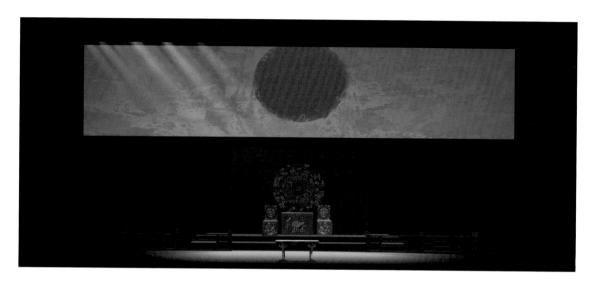

▲ 高甲戏《大稻埕》

  2014年，厦门金莲陞高甲剧团创作、演出，荣获福建省第二十六届戏剧会演舞美设计一等奖、第十四届精神文明建设"五个一工程"奖（2014—2017）

▲ 京剧新编历史剧《赵武灵王》

2014年，厦门金莲陞高甲剧团创作、演出，荣获福建省第二十六届戏剧会演舞美设计一等奖、第十四届精神文明建设"五个一工程"奖（2014—2017）

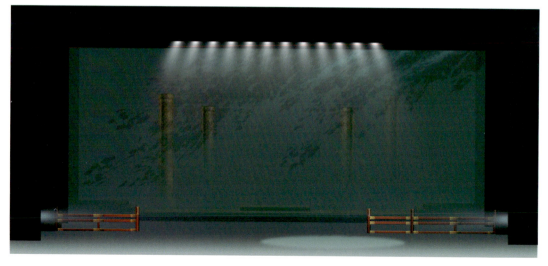

▲ 京剧新编历史剧《赵武灵王》

2014年，厦门金莲陞高甲剧团创作、演出，荣获福建省第二十六届戏剧会演舞美设计一等奖、第十四届精神文明建设"五个一工程"奖（2014—2017）

▲ 京剧新编历史剧《赵武灵王》

2014年，厦门金莲陞高甲剧团创作、演出，荣获福建省第二十六届戏剧会演舞美设计一等奖、第十四届精神文明建设"五个一工程"奖（2014—2017）

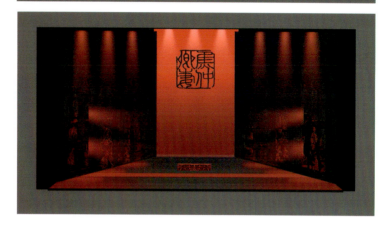

▲ 庐剧《焦仲卿妻》

2014年，合肥市演艺公司创作、演出

▲ 庐剧《焦仲卿妻》
　　2014年，合肥市演艺公司创作、演出

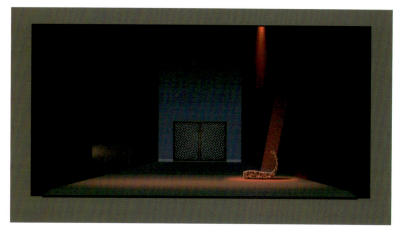

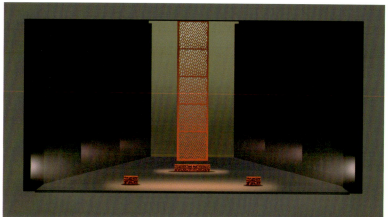

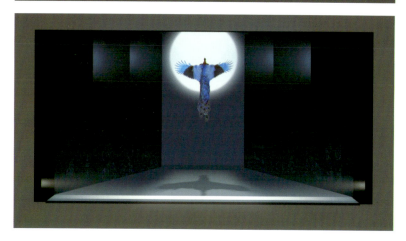

▲ 庐剧《焦仲卿妻》

2014年，合肥市演艺公司创作、演出

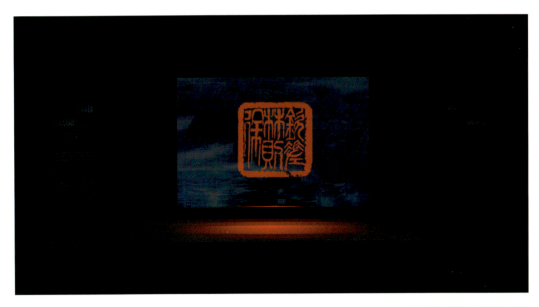

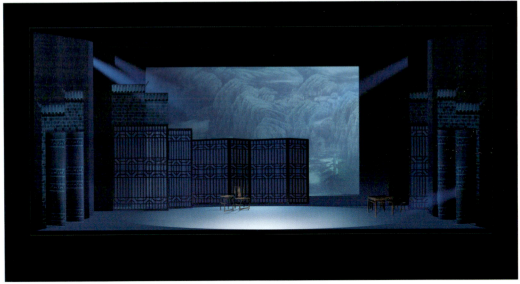

▲ 京剧《钦差林则徐》

2014年，天津青年京剧团创作、演出，入选第七届中国京剧节开幕式演出

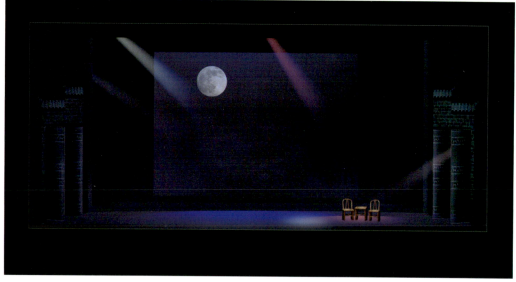

▲ 京剧《钦差林则徐》

2014年，天津青年京剧团创作、演出，入选第七届中国京剧节开幕式演出

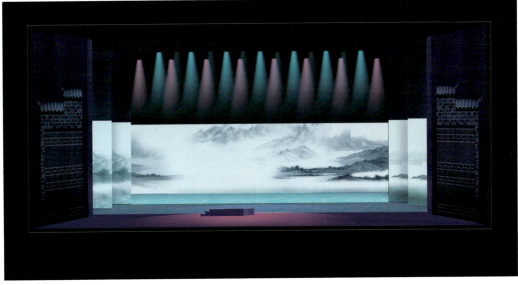

▲ 京剧《钦差林则徐》
　　2014年，天津青年京剧团创作、演出，入选第七届中国京剧节开幕式演出

▲ 江苏淮剧《菜籽花开》

　　2015年，江苏省盐城市淮剧团创作、演出，荣获第三届江苏省文华奖，并获得2023年国家艺术基金资助

▲ 江苏淮剧《菜籽花开》

　　2015年，江苏省盐城市淮剧团创作、演出，荣获第三届江苏省文华奖，并获得2023年国家艺术基金资助

▲ 歌仔戏《渡台曲》

2015年，厦门歌仔戏研习中心创作、演出，荣获第六届福建省艺术节暨第二十六届戏剧会演剧目一等奖

▲ 歌仔戏《渡台曲》
　　2015年，厦门歌仔戏研习中心创作、演出，荣获第六届福建省艺术节暨第二十六届戏剧会演剧目一等奖

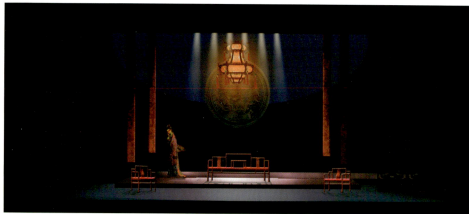

▲ 赣剧《红珠记》

2016年，南昌大学赣剧文化艺术中心创作、演出

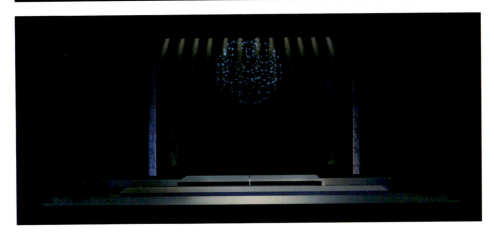

▲ 赣剧《红珠记》
2016年，南昌大学赣剧文化艺术中心创作、演出

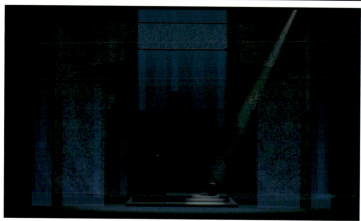

▲ 莆仙戏《魂断鳌头》

2016年，仙游县莆仙戏鲤声艺术传承保护中心创作、演出，荣获第六届福建省艺术节暨第二十六届戏剧会演剧目一等奖

▲ 莆仙戏《魂断鳌头》

2016年，仙游县莆仙戏鲤声艺术传承保护中心创作、演出，荣获第六届福建省艺术节暨第二十六届戏剧会演剧目一等奖

▲ 婺剧《血路芳华》

　　2016年，浙江省婺剧艺术研究院创作、演出，荣获浙江省第十三届戏剧节新剧目大奖

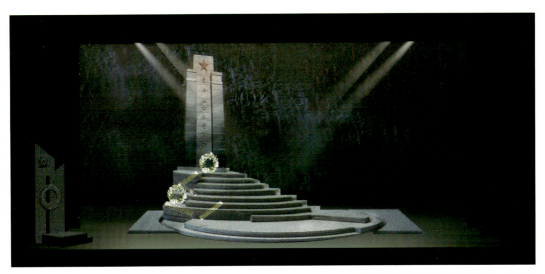

▲ 婺剧《血路芳华》

　2016年，浙江省婺剧艺术研究院创作、演出，荣获浙江省第十三届戏剧节新剧目大奖

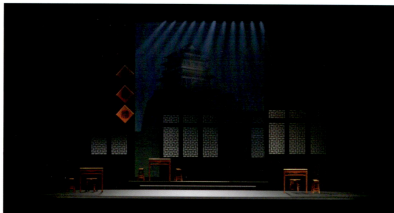

▲京剧《程长庚》

　　2016年，安徽省徽京剧院创作、演出，获得2016年安徽省省级文化强省建设专项资金资助

▲ 京剧《程长庚》

2016年，安徽省徽京剧院创作、演出，获得2016年安徽省省级文化强省建设专项资金资助

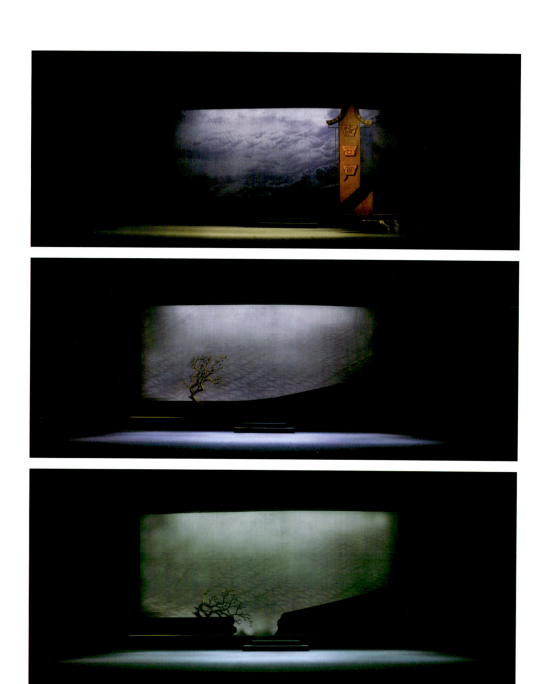

▲ 高甲戏《大河谣》
　2017年，泉州市高甲戏传承中心创作、演出

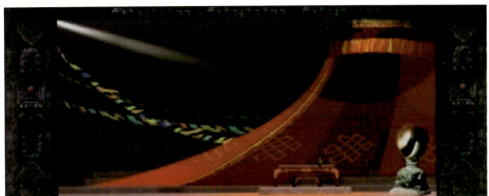

▲ 秦腔《文成公主》
　2017年，西安秦腔剧院创作、演出

▲ 音乐剧《鼓浪如歌》

2018年，厦门歌舞剧院创作、演出，荣获福建省第二十七届戏剧会演舞美设计一等奖

▲ 音乐剧《鼓浪如歌》

2018年，厦门歌舞剧院创作、演出，荣获福建省第二十七届戏剧会演舞美设计一等奖

▲ 歌仔戏《侨批》

　　2018年，厦门市歌仔戏剧团创作、演出，荣获福建省第二十七届舞美设计一等奖；2021年二稿荣获中宣部"五个一工程"奖

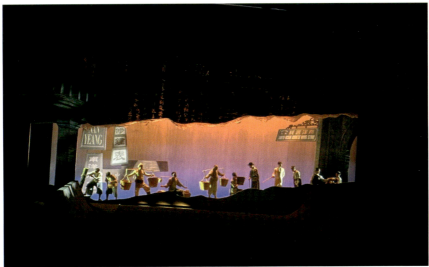

▲ 歌仔戏《侨批》

　　2018年，厦门市歌仔戏剧团创作、演出，荣获福建省第二十七届舞美设计一等奖；2021年二稿荣获中宣部"五个一工程"奖

▲ 歌仔戏《侨批》

2018年，厦门市歌仔戏剧团创作、演出，荣获福建省第二十七届舞美设计一等奖；2021年二稿荣获中宣部"五个一工程"奖

▲ 闽西汉剧《伯公灯》

　　2018年，龙岩市汉剧传习中心创作、演出，荣获第七届福建省艺术节暨第二十七届戏剧会演剧目一等奖

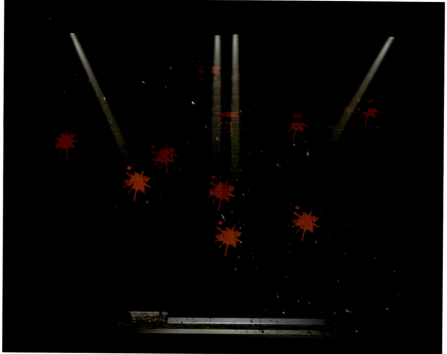

▲ 闽西汉剧《伯公灯》

　　2018年，龙岩市汉剧传习中心创作、演出，荣获第七届福建省艺术节暨第二十七届戏剧会演剧目一等奖

▲ 闽西汉剧《伯公灯》

2018年，龙岩市汉剧传习中心创作、演出，荣获第七届福建省艺术节暨第二十七届戏剧会演剧目一等奖

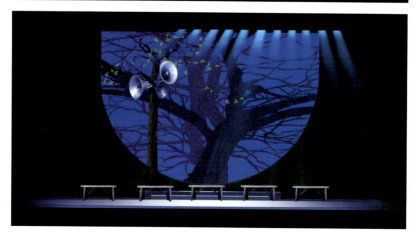

▲ 闽西汉剧《林海山风》

2018年，龙岩武平县汉剧艺术传承保护中心创作、演出，荣获第七届福建省艺术节暨第二十七届戏剧会演剧目二等奖

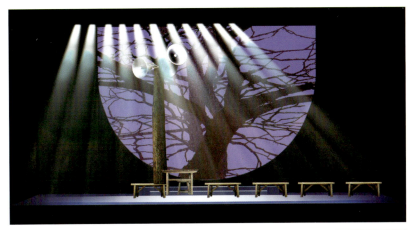

▲ 闽西汉剧《林海山风》

　　2018年，龙岩武平县汉剧艺术传承保护中心创作、演出，荣获第七届福建省艺术节暨第二十七届戏剧会演剧目二等奖

▲ 豫剧《黄河红帆》

2019年，河南省濮阳市戏剧艺术传承保护中心创作、演出

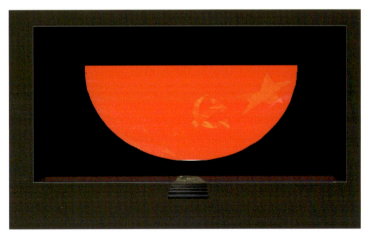

▲ 粤剧《三家巷》
2019年，广州粤剧院创作、演出

▲ 高甲戏《浮海孤臣》

2019年，泉州市高甲戏传承中心创作、演出，荣获第七届福建省艺术节暨第二十七届戏剧
会演剧目一等奖

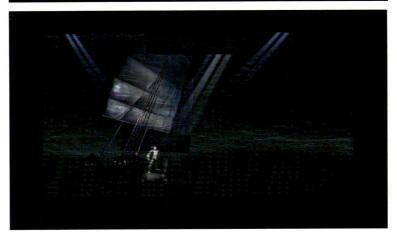

▲ 高甲戏《浮海孤臣》

　　2019年，泉州市高甲戏传承中心创作、演出，荣获第七届福建省艺术节暨第二十七届戏剧会演剧目一等奖

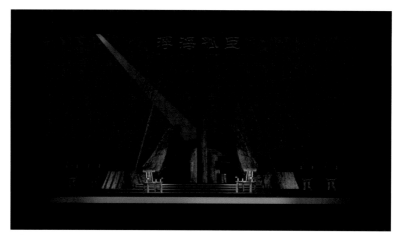

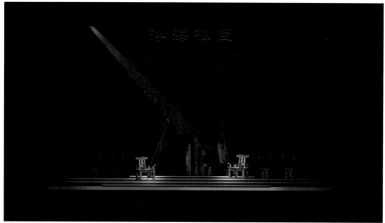

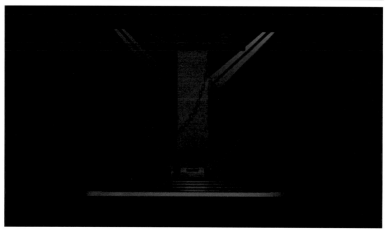

▲ 高甲戏《浮海孤臣》

2019年，泉州市高甲戏传承中心创作、演出，荣获第七届福建省艺术节暨第二十七届戏剧会
演剧目一等奖

▲ 高甲戏《浮海孤臣》

2019年，泉州市高甲戏传承中心创作、演出，荣获第七届福建省艺术节暨第二十七届戏剧会
演剧目一等奖

▲锡剧《惠山泥人》

　　2019年，无锡市锡剧院创作、演出，荣获江苏省第十二届精神文明建设"五个一工程"奖

▲ 锡剧《惠山泥人》
　　2019年，无锡市锡剧院创作、演出，荣获江苏省第十二届精神文明建设"五个一工程"奖

▲ 南音《白鹭赋》
　2019年，厦门市南乐团创作、演出

▲ 豫剧《黄河红帆》

　　2020年，濮阳市戏剧传承保护中心创作、演出。入选2020年度河南省"五
个一"工程重点创作项目

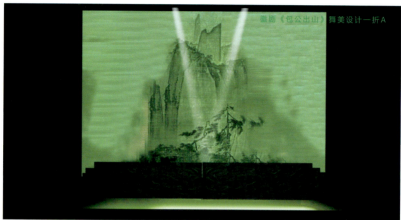

▲ 京剧《包公出山》

2020年，安徽省徽京剧院创作、演出，获得2021年度国家文艺发展专项资金资助

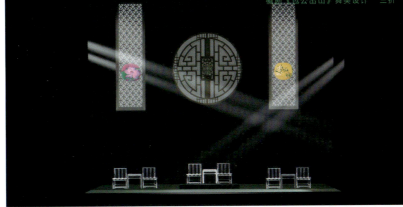

▲京剧《包公出山》

2020年，安徽省徽京剧院创作、演出，获得2021年度国家文艺发展专项资金资助

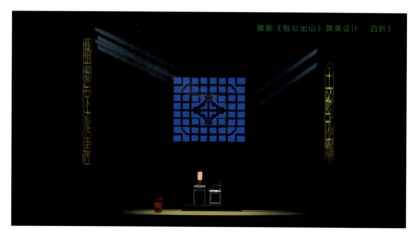

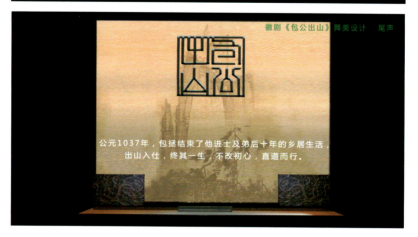

▲京剧《包公出山》

2020年，安徽省徽京剧院创作、演出，获得2021年度国家文艺发展专项资金资助

▲高甲戏《造桥记》
　　2020年，泉州市高甲戏传承中心创作、演出，入选2020年福建省舞台艺术精品工程重点剧目

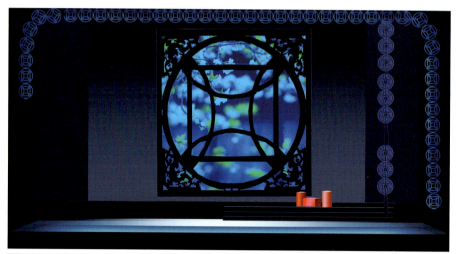

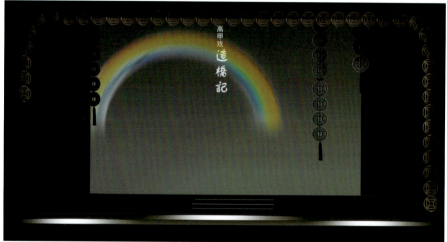

▲ 高甲戏《造桥记》

　　2020年，泉州市高甲戏传承中心创作、演出，入选2020年福建省舞台艺术精品工程重点剧目

▲ 高甲戏《回甘》

2021年，厦门市金莲陞高甲剧团创作、演出，入选2021年福建省舞台艺术精品工程重点剧目

▲ 高甲戏《回甘》

2021年，厦门市金莲陞高甲剧团创作、演出，入选2021年福建省舞台艺术精品工程重点剧目

▲ 高甲戏《回甘》

　2021年，厦门市金莲陞高甲剧团创作、演出，入选2021年福建省舞台艺术精品工程重点剧目

▲ 南音《黄五娘》
  2022年，厦门市南乐团创作、演出

▲ 评剧《半把剪刀》
2023年，天津市评剧院创作、演出

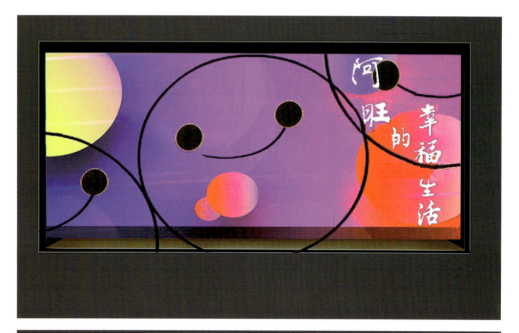

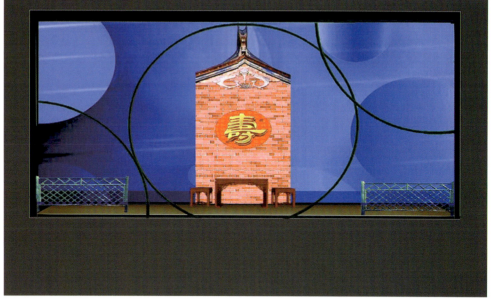

▲高甲戏《阿旺的幸福生活》一稿

2023年，泉州市高甲戏传承中心创作、演出，获得2023年度国家文艺发展专项资金资助

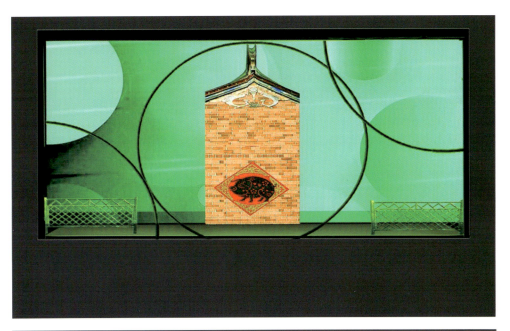

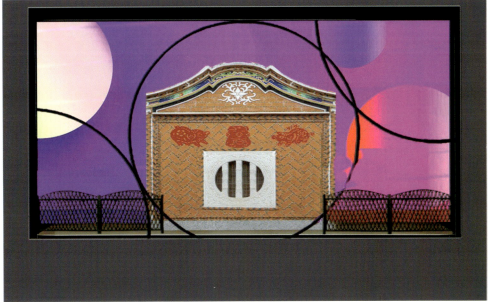

▲ 高甲戏《阿旺的幸福生活》
　　2023年，泉州市高甲戏传承中心创作、演出，获得2023年度国家文艺发展专项资金资助

第三辑　社会评价

《黄永碤舞台设计作品选》序言

蔡体良（中国舞台学会原会长 ）

　　当年，我念高小的时候，学校曾单独设地理课，并有《地理》课本。由此知道了福建省有一个城市叫"厦门"，跟我家乡一样，是一座美丽的海滨城市，眺望海的那一边是台湾省。它深深地印烙在我的脑海中。打从那个时候起，我就有一个美丽的梦想：长大了，能到那里去看看。然而，这一个美丽的梦想，三十多年之后，才得以实现。头一次是什么时候去的，我记不清楚了，只记得摆渡登上过鼓浪屿。迄今为止，二十多年来，隔三岔五，竟然已经去过十次有余了，令我自己也感到惊讶！

　　去厦门，多数是"公干"。而"公干"，多数是去看戏。于是乎，认识了不少戏剧界的朋友。于是乎，我认识了黄永碤先生。屈指一算，不算长也不算短，也有20个年头了。

　　正是在这一个时期，永碤先生的创作，进入了一个活跃的佳境，一个成熟的季节，也是一段丰收连连的岁月。这一本《黄永碤舞台设计作品选》（简称《作品选》），如收获硕果的舞台写真集，一览无余地晒在我们面前。它就是永碤先生创作历程的一个最好写照。

　　这本《作品选》，无疑是永碤先生大半辈子艺术劳动的记录。我读着画幅旁言简意赅的文字，渐渐地浮想联翩。画册中，几乎所有代表性的作品，我都在演出的剧场内现场观看过。无论在厦门或省城，还是在京城内外的舞台上，它们已经深深地植入我的脑海里。永碤的创造精神和艺术理想，不必由我来赘述了。《作品选》中的画面和文字，他自己都已经做了清晰的阐述、准确的定位。我只想引用一下当年已获得戏剧精品工程奖的梨园戏《董生与李氏》的"旁白"，十分具有代表性。

　　试图并呈表现与再现，交织古典与时尚。用现代光影技术表现时空与人心的变化，继承古典戏曲舞台扮演性的神韵与原则，藏隐美学追求于艺术整体之中，着落舞美语汇于幕间戏前，不抢戏，不张扬，还演剧空间以最大的自由与流畅，给观众以最细微的品味与神游。

我认为，上述的理念和主张，永碳都融贯在自己的舞台设计创作中，并已绽放出一朵朵艺术的鲜花。这是舞台美术家极具代表性的创作现象。我的感悟，概述为三点。

永碳的艺术空间，主要在戏曲舞台的"领地"上，他深谙舞台的妙谛。他认为，尊重传统就是尊重自己的创作。对戏曲美学原则的尊重，被视为创作的"底线"。他"约定俗成"的舞台审美准则，已是一座艺术价值标杆。他始终坚持舞台写意、空灵、诗化的创作"三元色"。在他的设计中，凡与戏曲表现语言相悖逆、相抵牾的地方，他都做了一定的过滤、筛选、提纯，使之与整体戏曲舞台的"语言"相和谐、相匹配，比较纯粹地创造了戏曲化的艺术语境。从早期的闽西汉剧《鬼恋》，到近年的歌仔戏《邵江海》、高甲戏《上官婉儿》、京剧《北风紧》等，都有可圈可点的记录。戏曲舞台美术创作，我们似乎还处于弱势的状态，常常被误读，它的用景确实有种种"制约"。正因为有此"制约"，才有了自己的特质和风貌。

永碳创作的空间，直面自己熟知的土地，直面当代舞台的生存状态和市场的挑战，与所有的舞台艺术家一样，也经受着考验，深感困惑和忐忑。坦率地说，当下舞台生态环境，并不是十分理想。舞台的艺术法则常被非艺术因素干扰。但是，他在创造中，敢于担当和碰撞，能比较理性地去应对，是十分睿智的。他因地制宜、扬长避短、多元并举，找到了每一个舞台创作的最佳切入点，如闽剧《王茂生进酒》、南音《情归何处》、锡剧《江南雨》等，都有自己的生存能力，还能获得较高的奖项。他靠的不是盲目的"大制作"，不是奢侈的外部包装，也不是无厘头的手段。恰恰相反，他靠的是净化且简约、写意乃至唯美的朴素手段。

永碳的设计并不固守陈习，并没有被"传统"捆住自己的手脚。虽然，他的创作地域略为偏僻，比较基层，演出院团也较"贫困"，但呈现的舞台却既接地气又时尚，富有当代的气息。无论是传统剧还是现代戏，如歌仔戏《荷塘蛙声》、越剧《烟雨青瓷》、闽剧《金圣叹》、楚剧《秋色渐浓》等，能审时度势、拿捏有度，强化舞台的观赏性，创造舞台"空的艺术"的准则，而非简单化地读解。他得益于这片丰沃的土地，获得了更多的生存空间，跟上了现代化的脚步。

借此机会，这里写几句：永碳，长期以来从事两岸戏剧文化的交流，包括两岸舞台美术的活动，产出了卓越的成果。两岸舞台美术交流是小平台，能营造的也只是小气候。但血浓于水，同宗同祖，文化一脉相传、相通，书写了新的一页历史。他为歌仔戏《蝴蝶之恋》创作的舞美，十分富有象征的意味。

因而说，永碳的创作，对戏曲传统的尊重，对艺术空间的应变，对时尚的关注及对舞台现代化的探索等，我认为是值得称颂的，都是可以作为艺术创作现象来探讨的。这一本《作品选》绽放的舞台空间景象，同样可以作为范本来读解。

回味起难以忘怀的观剧往事，圆了我孩提时代的美丽梦想，海峡边的厦门永远是美丽的。阅读永碳先生的作品，我分享了他收获的愉悦，也欣赏了一道美丽的风景线！

黄永碤舞美作品的艺术魅力

刘闽生（《福建艺术》原总编）

　　20世纪90年代以来，黄永碤在我省舞美界相当活跃，他的舞美创作成功率高且后劲足，其作品频频在省级会演及全国戏剧节中获得大奖。黄永碤之所以能长期地与奖牌结缘，当然与他的艺术才华、思维方式、进取精神、创新意识和学识积累有关。其作品个性鲜明、表现力强、富有思想深度，有着动人心弦的艺术魅力。这种魅力的展现，随着时间的推移越发显露出来。

　　黄永碤从小痴迷绘画艺术，这一优势使得他赴龙岩山区下乡没两年就被调往地区美术创作组。1972年，他的画作及才气得到了当时下放在该地区汉剧团的我省著名舞美设计家潘子光和陈子南二位老师的赏识，从此调入了汉剧团从事舞美创作。刚入行的他，不但得到了二位高师的精心指点，而且还不断地从下放在该团的许多我省一流的戏剧家那里学到了戏剧艺术方面的各种专业知识，从而为他日后的创作打下了良好的基础。这一幸运的开端加上自身的努力，使他早在20世纪80年代就初露锋芒。他设计的《鬼恋》舞美，在1980年省第四届现代戏会演中一举获得舞美设计奖，随后他设计的汉剧《玉壶与金伞》《史碑案》《春娘曲》等作品陆续获得省级舞美设计奖。从他这些获奖作品中我们不难看出，黄永碤很早就开始注重从剧作内涵出发寻觅相宜的舞美表现形式，在汉剧《鬼恋》创作中，他根据剧情多在夜色朦胧中展开及剧作充溢着浓厚悲剧色彩之特点，大胆地采用了可切割背景天幕的两块大面积黑丝绒幕贯穿全剧，有效地把握了沉迷、压抑的悲剧情调，为渲染剧情、表现合理的时空起着重要的作用。汉剧《史碑案》舞美是他在1985年获奖的另一个力作，我们从中不难看出，黄永碤在舞美样式上的尝试又有了新突破，他为了充分地把握剧作内涵，突出雄浑悲壮的气势，大胆地使用了中性组合式平台，并选择了富有时代特征与象征意味的简练物象构成演出空间，同时创造性地使用了大面积魏碑书法作为天幕背景来贯穿全剧。这种新尝试，不仅深化了剧作主题，还有力地强化了围绕修史勒碑所展开的戏剧矛盾冲突。这一创意呈现在当时的舞台上，着实让人耳目一新。同年，黄永碤考入省艺校干修班，汉剧《春娘曲》是他在1986年实习期间的作品，他在充分理解剧作的基础上，巧用中国古建筑的梁柱为基本框架，通过对此间景片的变化达到对特定环境的准确描绘。作品以单纯明快的舞台色调，抒情优美的景物造型，有力地烘托出春娘贤惠、善良的美好心灵。同时借助树枝枯荣的视象变化，让观众在剧情的悲喜演绎中产生强烈的情感共鸣。

上述作品代表了黄永碤在20世纪80年代的创作水平，当我们在审视他作品的时候，明显地感到他的设计始终贯穿着从内容到形式的创作原则，而其表现手法多采用虚实结合的构景方式。在《鬼恋》中，除了背景采用中性黑幕以强化舞台氛围之外，其他景物造型皆选用不同的具象物通过虚实的合理组构，展现出剧情所需的特定环境。此后的《玉壶与金伞》及后来的《春娘曲》，也分别选择了较写实的物象加以装饰或以单元变化的统一装置去完成对环境的描绘。相比之下，《史碑案》的景物造型对环境的描绘较为含蓄。虽然黄永碤的设计多借助具象造型完成景物的创造，但他所选取的具象物皆经过了艺术处理，在不同程度上赋予了某些物象具有隐喻与象征的意义，并与剧作内涵取得有机的联系。同时，在体现的形式上富于变化，所以赢得了较好的视觉效果。从上述作品表景方法中可以看出，90年代，永碤的构景方式更偏重于描绘式的造型语汇，在此基础上也融入了象征性的造型语汇。由此，其景物造型在揭示剧作内涵方面多是起着相对静态参与的作用。

1989年是黄永碤舞美创作道路的转折点，这一年他调回家乡厦门市剧目室工作。地域的改变，视野的开阔，给他积淀多年的创作经验注入了新鲜的血液，现代化都市文化的审美需求活跃了他的创作思维。他深深地感到，现代舞台设计在充分理解剧作的基础上，更应从事件的动作出发，为整个戏剧动作的进程确定适合的舞台空间结构。舞美必须全方位地把握，积极参与戏剧演出的整个过程。由于创作思维的突进和客观条件的改善，他的作品大有起色。1990年的乐舞剧《南音魂》舞美，是他回厦门创作的第一个作品。

《南音魂》是一出融乐、舞、剧为一体的结构全新的尝试性剧目，其情节完全在富有象征意义及浓厚抒情韵味的冬、春、夏、秋四季场景中进行。永碤首先从寻觅与剧作内涵相吻合的写意化演出空间入手，大胆地把南音主要乐器——琵琶，抽象地化作了呈六度斜面的活动大平台，其乐器的转轴则化成了上下台阶，更将琴弦巧妙地化为舞台后区垂拉的四组白色线条。这一抽象的造型又与优美的弧形塑料反投天幕，以及飘逸古雅的"飞天"浮雕条屏台框，共同构成了舞台主体形象。在演出中，通过小局部物象的变化及演员、灯光等各部门的全面合作，创造出充满浓厚诗情氛围的舞台意境。在冬景中，平台化作了道观外的石桥，它在展示动作环境的同时，为孟昶与花蕊夫人通过琵琶觅到知音创造了通往心灵桥梁的形象寓意。台上美妙的"雪花舞""梅花舞"在犹如冰凌的四组弦线映衬下，成功地烘托出女主角花蕊夫人那种高傲脱俗、冰清玉洁及对艺术执着追求的性格内涵。春景中，平台又成了楼阁。绿如柳枝的四组弦线装点着浓浓的春意，以展示孟、花二人内心情感的"莲花舞"，在景物的映衬与灯光的渲染中，产生如诗般迷人的意境。夏景中，象征性的平台又化成了载着他俩的一叶扁舟，景物在雨骤风狂、急流飞湍的音响及灯光效果的配合下，成功地渲染了辞别故园及西蜀人民并与君王生离死别的悲凄、感人的戏剧场面。在秋景中，平台则成了皇殿的基座，笼罩在一片秋色中的四组弦线显得尤为刚劲挺拔，在动作的演示与气氛的渲染中，使"死亡与永恒"的主题得到升华。舞美成功地把握了"冬的冰清玉洁、春的情波荡漾、夏的躁杂郁闷、秋的悲怆萧瑟"四个乐章的鲜明情调。其舞台造型的简洁、色调的明快、情调气氛渲染的浓烈，以及舞蹈演员频繁地在四组弦线间穿梭与弹拨所产生余音缭绕的舞台意境，令人过目难忘、回味无穷。

《南音魂》舞美，让我们看到了黄永碤创作观念的变化，他的景物造型更趋向中性化，于是它在与演员、灯光音响的有机配合中，产生了变化无穷的艺术魅力，并在流畅的剧情演绎中揭示出深邃的思想内涵，大大增强了舞美在戏剧舞台中的作用。《南音魂》的成功，同时也意味着永碛那创作的小舟开始从浅水区驶向深水域并自由航行。1995年他的汉剧《擂皮子七七》舞美的出现，进一步说明了这一点。

《擂皮子七七》为现代戏，剧情描写了闽西老区烈士后代七七从"等、靠、要"的懒散生活，到改革开放时期走出土楼寻找新生活的故事，情节感人，颇具启迪意义。永碛凭着近20年在闽西老区生活的亲身感受，大胆采用具有闽西建筑特征的原木构架作为舞台主体形象，背景则以弧形黑幕表现带有寓意性的围墙。空灵通透的舞台空间使实用与表现的功能得到高度的发挥，演出中处处显示其独特的艺术魅力。当一束耀眼的灯光烘托出立于高处的七七的背影时，随着他俯首做小解的动作，艺术化地完成了以一泡尿浇灭敌人点燃的导火索、保存了革命力量的生动画面。从而为日后七七居功自傲的性格塑造奠定了基础。当七七与九子相恋时，两人时而在楼上耳鬓厮磨，时而上下奔走嬉戏，立体多变的演出空间对动作支点的灵活提供、人物心理的生动刻画、舞台画面的丰富多变、时空转换的应变自如发挥着巨大的作用。在无场次演出中，舞美对环境的点示几乎达到了惜墨如金的程度，仅在构架某处挂些簸箕等生活用物，就点化出富有生活气息的土楼生活环境；吊个文件袋，则又变成公社干部的办公处所；饰个建筑工地常用标志及降低背景，构架又化作了深圳某建筑工地的脚手架。景物造型达到了以不变应万变的良好舞台效果。同时，以暗淡的土楼构架、遮天蔽日的黑色背景、封闭沉闷的舞台氛围与明亮的脚手架、霞光映照的天空、充满活力的舞台气氛形成鲜明的对比，并在这一系列寓意化的形象对比中，有效地揭示出深邃的内涵。

应该说，从《南音魂》到《擂皮子七七》的舞美设计，更加强化了造型空间的实用价值，使舞美创造更贴近戏剧本体，通过戏剧整体向观众说话，在与其他戏剧因素相互关系中，最大限度地发挥着舞美的各种功能。这也正是现代舞美设计所崇尚的。从永碛创造的新鲜含蓄的意象中，足以窥见他强烈的当代意识与创新精神。随着他创作思维的不断拓展，舞台意识的高度增强，创作经验的日益丰富，表现手法的不断翻新，一个个别开生面的作品接连不断地出现在舞台上。在歌剧《阿美姑娘》的设计中，永碤创造了气势磅礴且富哲理意味的中性舞台空间。他以日月形双转台和民族图腾柱构成舞台主体形象，蕴含着民族精神永生不灭的寓意。随着反映台湾少数民族人民抗击日本侵略者的剧情动作的展开，成功地创造了振奋情绪的舞台效果，并在灯光艺术强有力的渲染中，使剧作的主题得到升华。在高甲戏《金刀会》设计中，永碤大胆地使用了弧形斜面大平台，他利用视线的幻觉效应，创造了具有宽阔感、纵深感、立体感的宏大演出空间，并以长卷式的背景图像变化，让叙述征战与和平的故事在壮阔的舞台空间中得以自由流畅地展开。同时，依靠局部视象的变化和艺术灯光的有力渲染，创造出与思想内涵相和谐的舞台意境。在实验性小剧场话剧《日子》的设计中，永碤创造了颇具现代感且意象新颖的表现形式。屏风式的背景上喷绘着无数表情各异的人物头像或胸像，这一图像甚至拓展到门架景片、钟面及小平台中，舞台周围缀着许多大大小小的时钟，角色在充满时间意象的空间中，演绎着老知青们令人感慨的日子，他们就像"老也走不准的时钟"，在错位的时光中饱尝着生活的艰辛，时间的伤痕深深地烙在他们疲惫的心灵中。演员拨弄时钟之动作的反复出现，把时光流逝与精神困惑升华到一个象征的境界，让形象的寓意，带给观众深邃的哲理思考，并在思考的瞬间，获得某种人生的彻悟。

上述作品表明，黄永碤的创作能力在不断增强。其景物造型以更积极的姿态，能动地参与到整体演出之中，在与戏剧各部门密切的合作中，加大了舞美"说话"的力度。他还充分利用和发挥新技术与新材料的优势，大力开拓新的表现语汇，使景物造型显得更有活力，揭示剧作内涵更有深度，由此产生的艺术魅力也更加强烈。这些良好的现象，在他2002年创作的《上官婉儿》与《邵江海》等作品中，依然相当明显。

《上官婉儿》是一出悲情色彩浓厚的历史剧，剧情围绕着唐代女才子上官婉儿与女皇武则天之间的爱恨交织的情感冲突展开。此间着重刻画了婉儿从具有独立人格到被权势异化的心路历程。永碤根据剧作的情调与内涵，以具有唐代特征的团扇，化成富有象征意义的巨大花屏作为舞台主体形象。巨屏嵌于黑天幕中，屏面由六幅绘有牡丹的花板构成。随着剧情的展开，灯光艺术不断酝酿着鲜明的情调和氛围，而黑幕环托着的屏面随情而变。六幅花板在不同的意象组合中展示着人物心境的变化，直至婉儿孤寂的身影消逝于花影的重合之中。屏面的系列变化，寓意着婉儿心灵的蜕变与人格的丧失。由此可见，永碳所创造的空间造型，对剧情演绎的流畅、心理流变的外化及主题内涵的揭示，皆起着积极的作用。它不但提升了该剧的审美品位，而且以特有的形象语汇，强化了艺术表现的感染力。

《邵江海》与《上官婉儿》不同，它是个现代戏，剧情演绎的是闽南歌仔戏民间艺人邵江海的一段坎坷的人生命运。该剧的历史背景为20世纪30年代抗日战争时期的闽南贫困乡村。剧作从风云变幻的特定背景中展示一位民间艺人的精神境界与独特的闽南文化之精魂。邵江海是在闽南文化滋养下成长起来的，闽南特有的文化底蕴铸就了他坚毅的性格。为了准确地把握时代特征与角色的精神气韵，永碳选择了具有闽南特色的传统建筑作为构筑舞台空间的主要形象元素，意在寻求与人物所具有的坚韧不拔精神相同的本质，同时也凸显历史的沧桑感。为使舞美的空间创造适宜于流畅的散文式无场次演出结构，设计者充分发挥了舞台假定性的特殊作用，把出砖入石的民居群像，通过喷绘处理，巧妙地将旧照片形象分割于近10幅条屏表层，从而为写实的图像注入了生气，改变了图像的幻觉属性，使其自由地融入流动空间的创造中，取得与传统戏曲写意性异曲同工的内在神韵。演出中，活动的条屏在与局部景片的自由组合中，营造了一个个与剧情相宜的演出空间，甚至扩展到表现人物的心理活动。笔者印象尤为深刻的是，当春花跪下恳求师傅带她远走他乡时，却遭到邵江海的拒绝。此时，台上紧闭的庙门与门神画像，似乎成了邵江海心理状态的形象寓意。随后，当他得知春花要走是不愿被七爷强纳为姜时，庙门景片瞬间外移。同时，六幅条屏分别从舞台两侧逆向交叉移动，通过形象的艺术表现，将邵江海此时此刻悔恨不已的内心痛苦表现得淋漓尽致。总之，《邵江海》灵动多变的空间造型，为人物的成功塑造与潜在内涵的深层揭示，发挥了无以取代的特殊作用。

纵观黄永碤的舞美设计，我们可以清晰地看到他那不断拓展的创作轨迹。从耕耘于闽西时期从事单一的戏曲舞美设计，到效力于家乡厦门时期跨越多种戏剧类型的舞美设计；从前期偏重描绘性的环境氛围营造，到后期注重表现性的多功能舞台空间创造；从前期景物造型静态式参与，到后期景物造型的动态式参与；从前期偏向绘画式的造型体现，到后期多元综合式的造型表现；尤其是后期创作观念的突进及卓有成效的探索与实践，使他的作品艺术魅力在不断增强，从而缩短了舞台与观众的审美距离，加大了情感共鸣的深度与广度，提高了审美的品位。应该说，构成黄永碤舞美作品艺术魅力的因素是多元的，包括不落窠臼的艺术表现、充满时代精神的创作思维、思想内涵的深层挖掘、舞台时空的整体把握等。其中作品思想开掘的深邃性与艺术表现的新鲜感的有机交融是它的重要标志。在黄永碤不同时期的作品中，皆不同程度地具备了这种艺术品格。

求"圆"的希冀与惶惑

吴慧颖（厦门市台湾艺术研究院院长）

"愿为西南风，长逝入君怀"，这是一千多年前曹植向统治者的托言兴怀。中国传统的知识分子，一直以来就是一个特殊群体。而知识分子与统治者之间丰富而微妙的博弈，又岂是"依附"二字可以言清的？固然由于知识分子主体意识的自觉，即便入世求仕、高居庙堂之上，心中仍隐约存有"君若清路尘，妾若浊水泥。浮沉各异势，会合何时谐"的疑虑，也有以纯粹之生命殉高远理想之完整人格。然而皇权浩荡之时代，不入方寸朝堂，如何建宏图伟业、济万民苍生？满腹经纶、锦绣文章，焉能辜负了？强烈的历史使命感与责任感，以及有所作为、对实现自身价值的渴求，如一只无形的手，驱遣他们知其不可为而为之。

或许就是在这样的希冀与憧憬下，饱读诗书、遍览"三坟、五典、九丘、八索"的婉儿，走向了权势在握的武后则天……由厦门金莲陞高甲戏剧团演出的这部新编历史剧《上官婉儿》，蕴含悲剧色彩，融思想性与艺术性为一体。该剧以唐代女诗人上官婉儿的命运为线索，通过武则天扫除她通往帝位道路上的政治对手的故事为平台，抒写才女上官婉儿与我国历史上唯一一位女皇帝武则天之间的爱恨交织的情感冲突，以人性关怀的视角，展示了以上官婉儿为代表的封建时代知识分子在威权强势语境下生存的两难、彷徨困惑，以及悲欣交织的过程。以犀利之笔探究两者之间微妙的关系，从而引发深刻的反思。剧作家郑怀兴说，这是他"从事戏剧创作以来，修改次数最多、改得最苦的一个戏"。

悲剧的开场依例是欢欣明亮的调子，剪纸花、咏纸花……舞台上，传统南音名谱《梅花操》明快的曲调在冬日的寒风里氤氲一片春阳的煦暖。天真聪颖的婉儿当时或许没有料到，她猜中了开头，却猜不中结局，有一天，纸花会成为自身的隐喻，仿佛这只是个起点，最后竟又成了终点，充满反讽。

"轻松七步成诗"，上官婉儿喜获武则天赏识；送别李贤知身世，武氏驭才恩威并施，婉儿鲜活的情感、生命在挣扎、奔突；寻醉润色劝进表，佯狂放浪的笑声，无法掩饰那颗柔弱受伤的心；断情欲、去锋芒、失自我，婉儿的独特人格终被权势异化；而后，彩楼选诗固华彩，"称量天一"的无限风光背后，是一声苍凉的叹息——心泉已枯，纵高悬于朝堂之上，终失鲜活，令人扼腕。创作者将深邃的历史感和鲜明的时代意识，将对历史的反思和对现实的反思交织在一起，去展示一种独特的思考。

高远的理想情操与现实的生存策略，孰优孰劣？主人公的女性身份为我们提供了一个独特的切入视角。对于婉儿来说，女性既凸显了当时历史语境下生存、实现自我，乃至建功立业的困难处境，也反衬出武则天的雄才大略、独具慧眼、不拘旧俗；在另一层面上，女性身份又是一层隐喻，自屈子以来，漂流不定的知识分子群体就常常引以自喻，借关雎之事，向统治者迂回进言或聊抒怨郁。值得注意的是，剧中武则天同婉儿一样，不是一个符号化的平面人物，她的女性身份固然为权势增添了几分温情，也不乏与知识人格理解与沟通的尝试，但是她自身的生命力丰盈激荡，与其权势欲的表现是相互纠结、不可两分的。这就为该剧主题的解读提供了多维的可能，也昭显了思索的深度与涵蕴的厚重。倘若武则天只是一个暴君，那么我们可以轻易、轻松地指责婉儿的软弱，鄙夷其人格，从而在观剧的最终，因剧中人的品德不如我们而享受一种"突然的荣耀"。然而现实并不能做如此简单的化约，剧作者创作动机恐怕也不在此，简单的肯定或否定，是无助于深入观众内心掀起狂涛巨澜般的反躬自省。武则天既是一位手腕强硬的君主与母亲，"废黜太子如摘瓜"，同所有的权势者一样，她的权威绝不容触犯；然而她又是一位不拘陈规、知人善用的明君，在她的治理下，盛世泱泱不逊汉武。以婉儿为代表的知识人格一步步地去迎合靠拢以武则天为代表的权势人格，"你遭剪才成花点缀太平神采扬"的过程中，我们审视的是一种棘心的和谐与圆融，设身处地，不由人柔肠百转、取舍两难。而这种在对待人物形象时态度的游移不定，事实上也是力图瓦解传统的对知识分子与权势者关系的看法时产生的焦虑，从而产生一种哈姆雷特式的延宕。

最后婉儿的选择似乎是圆满与两全的结局，但是我们似乎也应该将视角游移，从关注武氏驭才的大获全胜，到关注处于弱势的婉儿清纯鲜活的生命如何被修剪而蜕变，从一开场"充满青春朝气的狙击"，到遇挫后，思维方式、行事手段，乃至话语语辞全面地与武氏认同。在她毅然决定改劾进表以示臣服时，有一唱段颇可见这种"主动趋同"："莫笑纸花无情物，多少祸起于情长！婉儿为何遭黥面，只因心里有情郎。情害我迷失方向，情害我颠倒阴阳。至今我更知太后，成大事者断情肠！"俨然武氏翻版，令人潸然。一种对于趋同的怀疑和对婉儿屈从的怯懦、人格蜕变的反思，强烈地激荡于心头，悲凉如秋雾般弥漫开来，使人难以呼吸与言说。倘若暂时抛开道德层面与历史层面的批判，而从生命意识的审美层面来看，婉儿的故事也是具有训诫意义的悲剧了。执掌"称量天下"之权柄，过人才华付诸实际（这似乎是许多知识分子奋斗之理想，而知识分子自矜才智等缺陷也在权势的诱压下被打磨圆滑），然则供奉于朝堂，驱遣于权势，她已进入一种圆融的模式，惶恐于缺陷的真实，不堪忍受模式之外的芜杂，也就无视芜杂中蕴含的新的活力与可能。乐府《相和歌辞·楚调曲》中有《怨歌行》一首，一名《团扇诗》，相传是班婕妤所作，虽抒写帝妃情事，倒也颇切合彼时婉儿的心境："新裂齐纨素，皎洁如霜雪。裁为合欢扇，团团似明月。出入君怀袖，动摇微风发。常恐秋节至，凉飙夺炎热。弃捐箧笥中，恩情中道绝。"

巧的是《上官婉儿》的舞美主体构象是一柄巨大的团扇，扇面由六条条屏组成，其上以国画中的"工笔重彩"绘有国色天香的富贵牡丹。随着剧情的发展，六幅条屏似花瓣，在开启、闭合、移动、裂变中构筑着情境的变化，寓意着婉儿心灵的蜕变，最后婉儿孤寂的背影消逝于团扇的花影重合中。这让我在看戏时想起那首汉代的乐府，思及古往今来纷纷扰扰的人和事，心绪零乱，久久难以平静。

花与诗的空间

陈大联（福建省人民艺术剧院原副院长）

这是一出关于花与诗的戏。

一切由来于诗，失之于诗，得之于诗，然而，呈现于我们视野中的诗情却是透过残酷的挤迫得之。

如花一般的婉儿，一切肇始于充满青春朝气的狙击结束于五体投地的臣服。

浮沉于历史长河中的上官婉儿的音容笑貌是模糊的、平面的，却在剧作家郑怀兴笔端清晰地呈现于演剧空间中。作者历经十余稿，个中冷暖辛苦自知。剧作《上官婉儿》塑造了唐代女性知识分子上官婉儿的形象，展示了鼎盛封建时代中知识分子在威权强势语境下面对生存的两难、彷徨，以及悲欣交集的抉择过程，极其锋利地从特殊女性的人格角度切入来考量和检讨直面威权下的知识分子的人格尺度和心态蜕变。

具有心理抒情美学取向的大型无场次新编历史剧（戏曲）《上官婉儿》，在历史真实生活层面的基础上全力追求象征的意象，即"鲜花蜕变为纸花"的过程，使整体剧作达到了超越现实的象征境界。我们透过"轻松七步成诗""匿藏黄台瓜辞""从容点评应制诗"渐次转化和递进，得以俯瞰和触摸了上官婉儿的血路与心理，展现了人物对生命情感的眷恋和对生命生存空间的渴望，淋漓尽致地揭示了封建时代知识分子与统治者之间的关系。在剧中我们目睹上官婉儿的命运就如同一朵悲情之花的开落，女皇武则天和上官婉儿共同炮制而成将其悬挂于朝堂之上，令人扼腕慨叹。这种对女主人公既得利益得失双关的悲剧性的深层拓展，在于剧作家没有陷入对历史现实的粉饰描画中，而是描写了女主人公悲剧性的内心彻悟。这是新近以来在新编历史剧创作中对知识分子形象所做出的富有力度的悲情概括。此间，剧作家所构建的史上唯一女皇帝武则天的复杂文化心理结构，从诗文取人的视角出发，给予了该人物多角度的、真实的、复杂的形象定位和解释，很大程度上有别于过去话剧、戏曲文学创作中所缺席的和简单化、脸谱化的形象描绘。细腻描绘两者之间惺惺相惜的背后，封建时代女统治者对女性知识分子在使用态度上的情感复杂性，封建时代知识分子对执政者依附上的彷徨和抉择，最终使该剧作成为知识分子心理的一个典型个体性的形象陈述。由此，上官婉儿自身被剧作家塑造成一座悲情历史的雕像，永久凝固在特定历史时代和心理的空间中，印证了悲剧不是哲学的敷衍，但应当有哲学的宏观视野和透视力量，是深邃的理性力量的体现，使特定时代的悲剧不仅仅只是历史的悲剧，而是转化为整体知识分子的悲情概括和每个知识分子自己的悲情注脚。

被剧作所震撼和共鸣，导演和舞台美术设计、灯光设计在充分理解剧作的基础上携手合作，着力建构一个关于花与诗的演剧空间。该剧的舞台美术设计造型风格简洁、大方、朴实，空间后区的"花板"作为全剧主体象征形象，有机而富于变化地呈现在观众的视野中，赋予该剧以物质的、可视的、鲜明的外部样式。灯光设计掌控光影色调的切换变幻，赋予该剧空间造型以及场面处理上以主观的情感意义，光影展呈了该剧主要人物心理变化所具有的悲情基调，在某种程度上还成为能动的角色。二者给导演体现演出的总体形象——一朵被炙热阳光辐射下的鲜花在干涸中枯萎并成为标本——以极大的弹性创作空间。

该剧音乐作曲和设计为上官婉儿人物内心的变化表达起到重要的作用。在对传统高甲戏音乐高度继承的基础上，该剧的声腔系统有其自身的变化规律和独特的诗情表现力，音乐作为时间性的听觉形象将上官婉儿和武则天清晰地呈现在观众面前；该剧服装造型设计以款式和色彩的变化，对高甲剧种传统服装进行改良和升格，富有节奏地展现了血管里流淌着贵族的血液的花一般的婉儿的渐次蜕变。青年演员李莉在花与诗空间的峰峦叠起中，倾心尽力地理解和诠释着那个遭受着武后强势语境的巨大胁迫和重重包围的诗情婉儿，使那样一个家世惨烈、血统高贵、身份低贱的宫女经过自我灵魂的洗礼，完成了最终人格的蜕变。此间，在武后扮演者吴晶晶的出色协助下，努力去展现一个最终失却了对武氏体制进行反省的自由的婉儿，一个失却了独善其身信仰的自由的婉儿，一个失却了表达关于生存环境的担忧的自由的婉儿。

排演《上官婉儿》，是对唐宫廷知识分子个体生存状态的一次整体性考察，以呈现婉儿和武后人物关系的多侧面描绘，让观众感知到的不仅仅是一个唐代宫廷的上官婉儿，更是千百年来像婉儿一样的文臣清流们的隐秘心灵史图景。借助历史的烛光，来洞察知识分子的文化心理结构，揭示他(她)们的优点与缺陷。作为该剧导演，透过婉儿的诗文，以及武后以诗文取人的视角来结构全剧贯穿事件，并渲染全剧怆然的氛围，进而建构一个花与诗的空间。

构建"都市戏剧"的努力与实践

林瑞武（戏剧评论家）

　　从前两年《阿美姑娘》《羯鼓汉箫》的排演，到省第二十一届戏剧会演中《日子》《送你一束三角梅》《白鹭女神》和《金刀会》的推出，厦门市的剧目创作在我省剧坛呈异军突起之势，不仅数量和质量较以往有较大提高，而且在创作理念和方式上也有鲜明的追求倾向，如在作品内容上很注重把厦门都市人的生活状态和厦门的风物景致、神话传说作为剧目的表现对象；在艺术形式上注重创新和营造现代感；在创作人员的选用上不拘地域，特邀了一批外省市优秀戏剧人才加盟，而剧目演出的宣传和推销工作，也尝试交由代理商去做等。这种剧目创作现象无疑是值得我们关注和探究的。有厦门戏剧的研究者和创作者提出创建"都市戏剧"的主张，应可作为我们解析这种剧目创作现象的一个导引。

　　小剧场话剧《日子》是表现当代厦门都市中年人的生活状态和精神情感状态的一部佳作。它写的是一位下岗又遭丈夫情变的中年女工和一位在年轻、漂亮又能干的妻子面前失落了自信的中年男人矛盾、痛苦的心态，以及他们相识相恋，最后又忍心分手的过程。初看起来是涉及"婚外恋"问题的，但由于剧作者能以诚挚、关爱之心去感受、理解"老三届"出身的一代都市中年人的命运与心灵，亦能比较准确地把握和描写剧中主人公作为转型期社会中人的精神世界的困顿与迷惘，其爱情婚姻观念的倾斜与裂变，同时渗入自己对生活本质、婚姻家庭本质的思考和感悟，加上导演、舞美设计富有创造性的解读和发挥，尤其是几个演员真实、自然和到位的表演，使得这出戏的演出有一种朴实、真挚，源于生活和自身心灵以及戏剧本体的魅力，在给人以心灵感动，使人体味到一种苦涩的人生况味的同时，也提供了一个可供人们对生活和婚姻家庭的本质进行深入思考的空间。

　　自80年代开始，在北京、上海等一些大都市兴起的小剧场艺术，由于在观演空间的设置上，实现了演员和观众近距离，甚至是直接的交流，为现代都市人显然是越来越疏远的心灵找到了一种能相互接近、交流和探访的良好空间，而其固有的革新、探索精神也与喜欢求新求异的都市青年人和知识层的审美需求相适应，因而被越来越多的都市观众，尤其是青年和知识层观众所喜爱，成为都市文化的一个重要构成部分。《日子》的创作者第一次把小剧场艺术引进厦门，且直接表现当代厦门中年人的生活状态和精神情感状态，无疑是为建构现代厦门"都市戏剧"所做的可贵努力。

　　《送你一束三角梅》表现的是厦门都市中另一种人群——来自内地的打工者的生活和情感状态。它以话剧加歌唱（主要以流行曲填新词歌唱）再穿插群舞的形式，描写来自内地的梅家三姐妹在厦门生活和创业的酸甜苦辣、喜怒哀乐。创作者把厦门拥有的数十万外地打工者作为作品的表现对象和接受对象，力图以轻松愉悦的形式、欢快明朗的节奏和情调，同时具有现代感和流行性很强的方式敷演、包装一出使他们和广大现代都市青年人喜闻乐见的戏剧作品。从建构厦门"都市戏剧"，尤其是其中的商业性戏剧的角度看，这种努力无疑也是具有建设性意义的。因为现代"都市戏剧"本就要对应都市中不同层面观众的审美需求，由诸如严肃戏剧（或称主流戏剧）、商业戏剧、实验性戏剧等多种形态的戏剧构成。

　　歌仔戏《白鹭女神》敷演的是与鹭岛——厦门别称的由来有关的一则神话传说。这出神话剧把厦门最典型的一些风物景致，诸如鼓浪屿、白鹭群、万石岩、五老峰凤凰树，以及民间的婚宴习俗等尽纳戏中，描绘得意趣盎然，仅从宣传厦门的旅游文化资源的角度看也自有其价值，而这也确是创作者的创作初衷之一。但是，这出戏最值得我们关注的还是导演和音乐设计者强烈的革新意识，导演欲"在吸取传统的基础上，努力寻找歌仔戏曲崭新的艺术表现形式"。因此，"表演手段已毫不顾忌地融入了许多民间舞、现代舞、西洋乐队、现代音乐灯光、当代的快节奏……"（见导演黄天福《白鹭女神寻梦》一文）音乐设计者不但在唱腔设计上做了许多大胆的革新，不为传统曲牌局限，在配器上采用了许多西洋管弦乐器，甚至连爵士鼓都用上了。加上舞美以绚丽多彩的大画幕景衬托，灯光多方渲染，一批年轻女演员表演的优美的"白鹭舞"不时穿插，使得这出戏洋溢着强烈的现代感和青春靓丽的气息，给人以赏心悦目之感。从保持剧种特点和艺术的整体性、和谐性的角度看，这种革新创造自然还有些值得斟酌和完善之处，但是创作者的创作激情，以及为戏曲艺术自身的发展和争取都市观众的喜爱所做的努力还是很值得称道的。

高甲戏《金刀会》是对田汉旧作《杨八姐智取金刀》的重新创构，虽然剧本重新确定的反对战争、呼唤国家统一的主题立意与题材自身固有的内容还较难协调，因而不免显得有些人为和刻意。从历史真实和艺术真实相统一的角度看，剧中对佘太君和萧太后形象以及两人之间关系的重新定位和描写是否恰当，也还值得探究，但是剧作者力图用现代意识对传统的故事和人物进行重新解读，尤其是从人情人性的角度去体察和理解人与战争的关系，并由此去重新设置佘太君和萧太后的人物关系，抒写她们的内心情感，安排她们的戏剧动作，这的确是值得赞赏的。在剧情结构上，该剧比旧本更集中简练，进展的节奏更迅捷明快，这与现代都市的审美心理是比较合拍的。导演手法和舞美设计的构想都颇为大气，前者很善于组织群体戏，调度大场面和营造浓重热烈的舞台气氛，后者则大胆地使用大型投影仪投映如宽银幕电影镜头的大天幕景，配合斜面大平台，创构出广阔深远又富有视觉美感和诗画情调的舞台空间，成功地把剧中人物的活动和观众的想象带到了关山苍茫、残阳如血的古战场和水草丰茂、风光旖旎的塞外大草原……加上演员的精彩的唱念做打、音乐的清新优美和服装的绚丽多彩，为高甲戏这一古老的地方剧种和它所敷演的古旧故事，能以它新颖多姿的思想艺术风采吸引和征服现代都市观众打下了良好基础。

从排演大型歌剧《阿美姑娘》以来，厦门就从北京和其他省市特邀了一批优秀的戏剧和其他艺术人才加盟剧目的创作。有人对此颇有些看法，但笔者以为，这是无可非议的。首先，因为目前厦门自身的剧目创作基础还比较薄弱，高水平的艺术人才也比较缺乏，多邀请一些外省市优秀的戏剧和其他艺术人才加盟创作，对于提高厦门的剧目创作水平，无疑是有示范、感染和促进作用的，这和经济领域内引进外面的人才和技术以发展本地经济是一个道理。其次，从构建现代都市戏剧的角度看，这也是正常的。因为现代都市文化本就应该是开放的、交流的、富有包容性的。西方发达国家都市和我国香港地区剧目的创作早就在采用以制作人牵头，邀请、吸纳全国乃至世界各地的艺术家共同参与的方式了。而近年北京、上海等一些大都市也已有不少剧目的创作在尝试采用这种方式。与此相应，厦门把小剧场话剧《日子》演出的宣传推销工作尝试着交给广告公司去做，还成立专门的舞美工作室，把灯光器材集中起来为所有演出团体服务等举措，应该说也都是从剧目生产方式的市场化、社会化的角度为构建现代都市戏剧所做的努力。

中国戏曲是在乡村的迎神赛会和社火活动中孕育滋生，在都市的瓦舍勾栏里发展成熟和走向兴盛的，一部戏曲发展史已充分证明都市的经济、社会和文化环境对戏曲的生存与发展起着何等重要的作用。然而，近些年，由于电视和流行的各种大众文化形式的冲击，戏曲又被逼得从都市退到了乡村，虽然目前一些地区，如我省东南地区农村的戏景尚好，戏曲的演出市场还不小，但演出艺术质量的不断下降和走向粗糙化也是不争的事实，这很大程度上是由农村观众目前普遍还较低的艺术欣赏水准和较简陋的舞台条件所决定的，若长此以往，势必会使戏曲艺术走向衰亡。在此情势下，厦门的戏剧工作者提出要建立现代"都市戏剧"，并从剧目创作的内容、形式，以及剧目生产和演出的运作方式等方面进行探索和努力，这无疑是十分可贵的。厦门的具体做法及其所界定的现代"都市戏剧"的内涵或许并不一定都适合于其他地区，但其基本理念——争取古老的戏曲艺术能在现代城市里生存与发展，对我省乃至全国都是具有普遍意义的。

第四辑　附录

大事年表

1951年9月	出生于福建厦门。
1957（6岁）	就读于厦门民立小学。
1963年（12岁）	就读于厦门第六中学。
1969年（18岁）	下乡插队，在上杭县古田公社荣屋大队当知青。
1972年（21岁）	调入福建省龙岩地区汉剧团担任舞美设计。
1973年（22岁）	任闽西汉剧《灵川潮》舞美设计。
1975年（24岁）	任闽西汉剧《海岛女民兵》舞美设计。
1976年（25岁）	于福建省龙岩地区汉剧团加入中国共产党。
1977年（26岁）	担任闽西汉剧《苗岭风雷》《十五贯》等舞美设计。
1980年（29岁）	闽西汉剧《鬼恋》荣获福建省第九届现代戏会演舞美设计奖。
1981年（30岁）	闽西汉剧《玉壶与金伞》荣获福建省首届舞台美术展舞美设计奖。
1982年（31岁）	与妻子叶孝英结婚，儿子黄宁出生。

1983年（32岁）	转到福建省龙岩地区广告美术公司，先后任美术设计、副经理、经理等职。
1985年（34岁）	闽西汉剧《史碑案》荣获福建省第十六届戏剧会演舞美设计奖；同年参加成人高考，被福建省艺术学校舞美设计大专班录取。
1987年（36岁）	大专毕业，毕业作品《人体》《藏女》入选中国美术家协会福建分会举办的"水彩、水粉画展"，闽西汉剧《春娘曲》荣获福建省第十七届戏剧会演舞美设计奖。
1989年（38岁）	经福建省人事局评审确认三级美术师任职舞美设计；调回家乡厦门。
1990年（39岁）	乐舞剧《南音魂》荣获省第十七届戏剧会演优秀舞美设计奖。
1995年（44岁）	汉剧《搔皮子七七》荣获福建省委宣传部、省文化厅颁发的第十九届戏剧会演优秀舞美设计奖。
1996年（45岁）	歌剧《阿美姑娘》荣获福建省第二十届戏剧会演优秀舞美设计荣誉奖。
1997年（46岁）	歌剧《阿美姑娘（二稿）》荣获第七届中国艺术节文华剧目奖、文华舞美设计奖。
1999年（48岁）	歌仔戏《白鹭女神（一稿）》荣获福建省第二十一届戏剧会演优秀剧目奖、优秀舞美设计奖；高甲戏《金刀会》、小

	剧场《日子》荣获福建省第二十一届戏剧会演优秀舞美设计奖。
2000年（49岁）	经福建省舞台美术设计专业高级职务评审委员会评审，确认获得一级舞美设计师任职资格；南音乐舞《长恨歌(一稿)》荣获第十届中国艺术节文华奖优秀剧目奖。
2001年（50岁）	歌仔戏《白鹭女神(二稿)》荣获中国戏剧节曹禺戏剧奖、优秀演出奖。
2002年（51岁）	高甲戏《上官婉儿》、歌仔戏《邵江海(一稿)》荣获福建省第二十二届戏剧会演优秀舞美设计奖。
2003年（52岁）	高甲戏《上官婉儿》获中国第二届舞台美术展览会作品大奖，第八届中国戏剧节优秀舞美奖。
2004年（53岁）	梨园戏《董生与李氏》荣获2003—2004年度国家舞台精品工程十大剧目中国舞美学会奖，在第七届中国艺术节"2004华文地区舞台美术研讨会暨优秀舞台美术作品展"中荣获优秀舞台美术作品奖；2004年《长恨歌(二稿)》参加"布拉格之秋"演出。
2006年（55岁）	歌仔戏《窦娥冤》荣获福建省第二十三届戏剧会演优秀舞美设计奖，第二届中国戏剧奖、梅花表演奖；高甲戏《阿搭嫂(一稿)》荣获福建省第二十三届戏剧会演优秀剧目奖、优秀舞美设计奖；芗剧《王翠翘》荣获福建省第二十三届戏剧会演优秀演出奖；荣获"全省中青年德艺双馨戏剧工作者"荣誉称号。

2007年（56岁）　　　荣任福建省舞美学会会长、省戏剧家协会副主席，歌仔戏《邵江海(三稿)》荣获第八届中国艺术节·第十二届文华大奖、文华舞美设计奖，眉户剧《父亲》荣获第十一届山西省"杏花奖"舞美设计一等奖，闽剧《王茂生进酒》入选国家艺术精品工程备选剧目。

2008年（57岁）　　　被聘为福建省艺术指导委员会成员，陇剧《官鹅情歌》荣获2007—2008年度国家舞台艺术精品十大剧目之一。

2009年（58岁）　　　获评由国务院颁发的政府特殊津贴专家。

2009年（58岁）　　　音乐话剧《停一停，等等我们的灵魂》、高甲戏《乔女》、歌仔戏《蝴蝶之恋(一稿)》荣获福建省第二十四届戏剧会演优秀舞美设计奖。

2010年（59岁）　　　荣获厦门市委市政府颁发的"厦门文艺突出贡献奖"，陇剧《苦乐村官》、京剧《北风紧》、歌仔戏《蝴蝶之恋(二稿)》荣获第九届中国艺术节·第十三届文华大奖特别奖，越剧《烟雨青瓷》荣获第二届全国越剧节金奖，莆仙戏《搭渡》、锡剧《玉飞凤》、京剧《大唐才女》、高甲戏《昭君出塞》等荣获国家舞台设计奖。

2011年（60岁）　　　南音《情归休何处》荣获第五届福建省艺术节舞美设计一等奖。

2012年（61岁）　　　被厦门市组织部授予"厦门市第五批拔尖人才"称号，从福建省厦门市台湾艺术研究所所长、书记岗位上退休，中国戏剧出版社编印出版《黄永碤舞台设计作品选》，汉剧

附　录

《史碑鉴》、高甲戏《淇水寒》、歌仔戏《荷塘蛙声》荣获福建省第二十五届舞美设计一等奖。

2013年（62岁）　荣获中国舞台美术首届"年度十大人物"称号，评剧《赵锦棠》荣获文化部第十四届文华奖舞台设计奖。

2014年（63岁）　被聘为厦门市艺术指导委员会成员。

2015年（64岁）　被福建省文化厅聘为福建省艺术指导委员会委员，共计14部作品入选福建省文联主办的第三届省舞美展，高甲戏《大稻埕》、歌仔戏《渡台曲》、芗剧《生命》、莆仙戏《魂断鳌头》荣获福建省第二十六届舞美设计一等奖，高甲戏《大稻埕》荣获中宣部第十四届精神文明建设"五个一工程"奖。

2016年（65岁）　四台设计作品入选参加第三届全国舞美展，婺剧《血路芳华》荣获浙江省第十三届戏剧节大奖，南音《清曲雅乐》、歌剧《鼓浪之歌》荣获第六届福建艺术节"舞美设计一等奖"。

2017年（66岁）　被省剧协聘为省戏剧家协会第七届顾问。

2018年（67岁）　歌仔戏《侨批》、音乐剧《鼓浪如歌》、闽西汉剧《伯公灯》、高甲戏《浮海孤臣》荣获福建省第二十七届舞美设计一等奖。

2020年（69岁）　歌仔戏《侨批（二稿）》荣获中宣部第十四届精神文明奖"五个一工程"奖。

2021年（70岁）　　被厦门大学聘为"业界专家"。

2022年（71岁）　　受聘任福建省剧协舞美分会名誉会长。

2023年（72岁）　　高甲戏《阿旺的幸福生活》获2023年度国家文艺发展专项
　　　　　　　　　资金资助，高甲戏《陈化成》获2023年度厦门市文艺发展
　　　　　　　　　专项资金资助项目，福建美术出版社编印出版《黄永碤舞
　　　　　　　　　台设计作品选》（2013—2023）。